Rainer Straub / Bernd Pommer   Die singenden Steine von Moissac

Rainer Straub

Die singenden Steine von Moissac

Entschlüsselung der geheimnisvollen Programme in einem der schönsten Kreuzgänge Europas

Fotografien von Bernd Pommer

„Da riefen ihm einige Pharisäer aus der Menge zu:
Meister, bring deine Jünger zum Schweigen.
Er erwiderte: Ich sage euch:
Wenn sie schweigen, werden die Steine schreien."
(Lk 19,39-40)

VERLAG ANTON PUSTET

Impressum

Bibliografische Information der Deutschen Nationalbibliothek
Die Deutsche Nationalbibliothek verzeichnet diese Publikation in der Deutschen Nationalbibliografie; detaillierte bibliografische Daten sind im Internet über http://dnb.ddb.de abrufbar.

5020 Salzburg, Bergstraße 12

Lektorat: Anja Zachhuber
Pläne: Rainer Straub jun.
Druck: Druckerei A. Plenk, Berchtesgaden
Gedruckt in Deutschland
ISBN 978-3-7025-0611-7

www.verlag-anton-pustet.at

Inhaltsverzeichnis

Zu diesem Buch 7
Das Kloster St-Pierre in Moissac 11
Ästhetische Architektur 29
Das Kapitell als Sitz der Zeichen 43
(mit Planskizze „Der Kreuzgang“)
Der Kreuzgang von Moissac 55
Die Zahlensymbolik 59
Die kleinen Zeichen auf den Kapitellen 97
Der Name Gottes 111
Der Weg der Mönche 123
(mit Planskizzen „Die Stunden des Tages“ und „Der Jahreslauf“)
Programmschema 153
Die musikalische Verschlüsselung 163
Der Choral 187
Schema mit 76 Tönen 204
Die einzelnen Kapitelle und ihre Tonsymbole 205
Abkürzungen 225
Stichwortverzeichnis 226
Verwendete Literatur 231
Danksagung 233
Zur beiliegenden CD 234
CD .... hinterer Umschlag

Zu diesem Buch

Romanische Sakralbauten mit eindrücklichem Figurenschmuck faszinieren bis heute Kunstfreunde und stellen viel bestaunte Reiseziele dar. Diese steinernen Zeugen einer der spannendsten Epochen der Kunstgeschichte geben bis heute Rätsel auf. Ihre Bedeutung ist noch lange nicht geklärt. Ich bin dem für uns heute offensichtlich schwer nachvollziehbaren Gedanken gefolgt, dass in mittelalterlichen Kreuzgängen mehr zu entdecken ist, als wir annehmen.

In einer Zeit, in der viele Menschen wieder nach dem Sinn des Lebens suchen und aus der Hektik in eine schöpferische Ruhe fliehen möchten, wird unglaublich viel über jene Epoche publiziert, in der wir jene Ruhe vermuten. Dabei fällt es schwer, die Geisteswelt der Menschen zu verstehen, die in dieser Zeit gelebt haben. Wir sollten versuchen, aus den wenigen Spuren, die erhalten sind, lesen zu lernen, um zu verstehen. Ich bin der Meinung, dass aus diesen Spuren viel mehr zu entschlüsseln ist, als wir gemeiniglich zu lesen vermögen. Gerade in den letzten Jahren ist es unübersehbar geworden, dass der Begriff der Spiritualität bei sehr unterschiedlichem Verständnis wieder zunehmend in den verschiedensten Bereichen unseres Lebens anzutreffen ist. Auf esoterischem Gebiet, in der Literatur, im

alternativ-medizinischen Bereich bis hin zu direkter Kontaktaufnahme mit bekannten Heiligen finden wir die Sehnsucht der Menschen nach gesamt-kosmischen Betrachtungsweisen. In diesem Umfeld scheint es geboten, das spirituelle Denken der Menschen einer längst vergangenen Zeit, die Möglichkeiten ihrer Ausdrucksweisen in Sprache, Musik und Skulptur für uns nutzbar zu machen, indem wir die Komplexität ihrer Botschaften zu enträtseln versuchen.
Der Kreuzgang im südwestfranzösischen Moissac ist eine einzigartige Konkretisierung der Geisteswelt der Mönche des 11. und 12. Jahrhunderts. Ich nehme die Leserin und den Leser mit auf die Suche nach für uns erklärlichen Inhalten im Ablauf der Darstellungen auf den figuralen Kapitellen. Wichtigstes Ergebnis dieser theoretisch fundierten Suche ist die Entdeckung einer Choralmelodie, die um 1100 in Südfrankreich gesungen wurde und auf den Kapitellen des Kreuzgangs symbolisiert ist – die Steine beginnen zu singen.
In einem Benediktinerkloster wie Moissac war die Lebensführung zu jeder Tages- und Nachtstunde einem feststehenden, durch Symbolik bestimmten Ritus unterworfen. Dass nun der Kreuzgang, das Zentrum dieser Lebensführung, in seiner Anlage ohne geistiges Programm errichtet worden sein soll, wie es bis heute noch immer erklärt wird, erscheint in Anbetracht des Wissens um die Omnipräsenz romanischer Symbolik zumindest unwahrscheinlich.
Basierend auf den Erkenntnissen des Musikwissenschafters Marius Schneider, versuche ich nachzuweisen, dass sich die Abfolge der Kapitelle in Kreuzgängen nach geistigen Konzepten richtet. In dem

Marius Schneider: Singende Steine. Rhythmus-Studien an drei romanischen Kreuzgängen. München, Heimeran, 1978 (forthin als „Marius Schneider" zitiert).

großartigen Kreuzgang von St-Pierre in Moissac lassen sich neben- und übereinander fortlaufende Themen ablesen, die sich in Summe innerhalb der Säulenfolge zu Programmen zusammenfügen: „die Mönche auf dem Weg zu Gott", „die Stunden des Tages", „das Kirchenjahr" und schließlich die Choralmelodie des Introitus zum Fest Petrus und Paulus, „Nunc scio vere", dem Patrozinium des Klosters, die auf beiliegender CD zu hören ist.

Ich versuche im Geist des romanischen Menschen die Symbole in ihrer Pluralität zu erklären und in den Zeichen, die im Kreuzgang vorzufinden sind, das zu sehen, was der Mensch der Romanik in ihnen sah. Vielleicht gelingt es damit, eine Brücke von der heutigen Sichtweise zu früheren Erlebnissen eines fundamentalen Themas des Menschen herzustellen. Für viele Leserinnen und Leser werden die Skulpturen und Klänge, die aus einem gemeinsamen Bedürfnis heraus entstanden sind, manches deutlicher machen. Das besonders Wertvolle dabei ist, dass die gewonnenen Erkenntnisse nicht nur für den untersuchten Kreuzgang in Moissac Gültigkeit haben. Sie können zum besseren Verständnis für die meisten künstlerischen Schöpfungen der Romanik in West-, Süd- und Mitteleuropa herangezogen werden.

Gemeinsam mit David, einem jungen Mann von 27 Jahren, der Wirtschaftswissenschaften studierte und nebenbei als ausübender Musiker auftritt, unternahm ich im März 2007 eine Reise nach Moissac, um den Kreuzgang von St-Pierre eingehend zu studieren. Mit ihm, der sich sehr für die Inhalte von Kunstwerken interessiert,

entwickelten sich dabei spannende Gespräche, gleichsam eine „Disputatio“, die ich in diesem Buch wiedergebe.
Unverzichtbarer Bestandteil der Publikation sind die Schwarz-Weiß-Aufnahmen Bernd Pommers. Die großformatigen Fotografien verlebendigen die Aura der Romanik und offenbaren den Kreuzgang bis ins Detail.

Das Kloster St-Pierre in Moissac

Das war einmal eine vollkommen andere Reise, eine Reise ohne Urlaub gewissermaßen, eine Reise in das Innere, in die Stille. Und es war eine Reise zu einer aufregenden Arbeit. Wir sind einen ganzen Tag ununterbrochen von Salzburg bis hierher gefahren und bringen vier ruhige Tage nur in diesem Kreuzgang zu. So etwas habe ich noch nie erlebt.

Ich bin schon oft hier gewesen, es mangelte aber immer an der Zeit, um genau zu schauen. Nun sind wir vier Tage lang hier, gehen immer wieder durch den Kreuzgang und können mit Hingabe jedes Detail untersuchen. Dabei entdecken wir ständig neue und faszinierende Bilder, die zunächst völlig rätselhaft erscheinen.

Aber warum mussten wir einen so langen und strapaziösen Weg zurücklegen, um einen einzigen Kreuzgang zu erleben? Dieser hier ist wirklich eindrucksvoll und herausragend schön, aber gibt es denn in unserer Nähe nicht auch etwas Entsprechendes?

Das, was wir suchen – einen unversehrten Kreuzgang mit deutbaren Symbolen auf den Kapitellen – gibt es nur mehr relativ selten. Es sind ja auch nur Benediktiner-Kreuzgänge, die so lebendige Darstellungen auf ihren Kapitellen besitzen. Die Zisterzienser zum Beispiel haben solche Darstellungen grundsätzlich abgelehnt. Außerdem sind viele Kreuzgänge des Mittelalters zerstört, stark verändert oder erneuert worden, sodass wir die Intentionen der Erbauer nicht mehr nachvollziehen können. In Nordspanien und Südfrankreich haben sich einige Benediktiner-Kreuzgänge recht gut erhalten. Um Aufschluss über die Menschen des Mittelalters zu bekommen, muss man diese Gebiete bereisen.

Warum suchen wir ausgerechnet nach einem Kreuzgang, um das Denken des mittelalterlichen Menschens nachvollziehen zu können? Welche Aufgabe hatte der Kreuzgang innerhalb des Klosterbereichs, was bedeutete er?

Ein Kreuzgang war im Hochmittelalter ein wesentlicher Bestandteil jedes Klosters im christlichen Bereich Europas. Er war der gemeinschaftsbildende Mittelpunkt des klösterlichen Lebens der Mönche. Von ihm aus konnten alle Teile des Klosters bequem erreicht werden. Er war – wie in einem altrömischen Bürgerhaus das Atrium – die Mitte des Gebäudekomplexes.
Für die Mönche war er der Ort, der den paradiesischen Garten Eden, die heile Welt, repräsentierte. Er spielte als Symbol für die Mönche eine große Rolle. Einmal symbolisierte er die Erde mit ihren vier Weltenden und den vier Himmelsrichtungen.

Abbildung 1: Der Kreuzgang von der Südostseite
Blick in den Ost- (rechts) und Südflügel (links): In der Mitte ist der Pfeiler mit den Reliefs der Apostelfürsten Petrus (rechts) und Paulus (links) zu sehen. Die Aufnahme zeigt den Blick auf den Kreuzgang von der Kirche herauskommend. Rechts neben dem Südostpfeiler in der Mitte befindet sich der Durchgang in den Innenhof und rechts daneben die Säule mit dem 1. Kapitell. In der Mitte des Ostflügels befindet sich der Pfeiler mit der Skulptur des Abtes Durandus. Gegenüber befand sich der Eingang zum Kapitelsaal.

Die Lieder haben einen Himmel
von dem sie niemals Abschied nehmen.
Dieter Straub

Das südfranzösische Städtchen Moissac besitzt einen der schönsten Kreuzgänge des Abendlandes, der fast unversehrt erhalten ist. Er ist nicht nur der größte, sondern auch der früheste mit erzählenden Kapitellen geschmückte in Frankreich. Der Weg durch das Geviert des Kreuzgangs führt uns eine Unzahl einzelner Bilder vor Augen, deren Geheimnisse zu enträtseln ein spannendes Erlebnis ist. Doch das Erstaunlichste ist, dass sich die Einzelbilder im Laufe des Rundgangs in zusammenhängenden Programmen lesen lassen:

„der Name Gottes“,
„der Weg der Mönche von der Sünde zur Erlösung“,
„der Tageslauf der Mönche“,
„der Jahreslauf“,
„die himmlische Melodie eines Chorals für das Patrozinium des Klosters“.

Kreuzgänge sind daher immer viereckig. Der Mensch des Mittelalters stellte sich die Erde als eine viereckige Platte vor. So wurde die Zahl Vier zum Symbol für die Erde mit den vier Himmelsrichtungen, den vier Winden, den vier Paradiesflüssen, den vier Jahreszeiten, den vier Tageszeiten und den vier Evangelisten, die mit ihren Evangelien den Menschen die Heils- und Erlösungsbotschaft brachten.

Offb 7,1

Kapitell 32, Abbildung 2, Seite 21

Für den Menschen des Mittelalters war jedoch jedes Symbol mindestens zweideutig. So war der Kreuzgang für die Mönche, wie schon gesagt, auch ein Symbol für das Paradies, für den Himmel, den sie sich sehnlichst erwarteten. Dadurch wurde er für sie ein Ort der Auseinandersetzung des irdischen Menschen mit seiner erhofften Heimat, der Ewigkeit des Himmels. Er war für die Mönche ein Ort der Stille, der Konzentration, der Meditation, des Gebetes, des Studiums des Wortes Gottes, aber auch verschiedener liturgischer Tätigkeiten. Der Aufenthalt im Kreuzgang war Ruhen in Gott und Suchen nach dem Weg ins himmlische Paradies.

Da der Kreuzgang immer von der Außenwelt isoliert und in sich abgeschlossen ist, schirmte er die Mönche von der Umwelt ab und war damit die Voraussetzung für ein kontemplatives Leben.

Als in sich geschlossenes Viereck ermöglichte er den Mönchen ihn auch als Weg zu sehen, als Weg zum „Anfang“ und zum „Ende“. Sie konnten ihn peripatetisch durchschreiten und mussten im Gebet nicht statisch verharren. Sie konnten sich auf den Weg machen. Es ist daher durchaus anzunehmen, dass die Mönche den Weg durch den Kreuzgang nicht nur als einen Weg von einem Ort zum anderen

Abbildung 2: Kapitell 32, Gangseite
Auf dem Kapitell sind die vier Evangelisten – auf jeder Seite einer – dargestellt. Sie sind in Form einer geflügelten menschlichen Gestalt mit dem Kopf des entsprechenden Evangelistensymbols herausgebildet; hier der Evangelist Lukas mit Stierkopf. Zu welchem Gestus er die Rechte hebt, ist durch die Zerstörung nicht mehr genau zu erkennen. Es scheint, als zeige er zum Himmel. In der Linken hält er sein Evangelium. Echinus und Abakus sind besonders kunstvoll gestaltet.

sahen. Sie empfanden ihn als den Weg zu sich selbst, als liturgischen Pfad durch den Tag, durch das Jahr mit dem Rhythmus der Tierkreiszeichen und Jahreszeiten, durch die Feste des Kirchenjahres und überhaupt als ihren Weg aus dieser sündigen Welt hin zu Gott.

Da der Kreuzgang zu St-Pierre in Moissac fast unverändert auf uns gekommen ist, erlaubt er uns sehr gut, das Gefühl der Mönche in ihrer Zeit nachzuempfinden. Außerdem stellt er sich als ein besonderer und herausragender dar, wie er in ganz Europa aus der Zeit nicht mehr anzutreffen ist. Der Kunsthistoriker Thorsten Droste äußert sich folgendermaßen: „*So ist der Kreuzgang von Moissac heute nicht nur der älteste in Frankreich erhaltene überhaupt, er ist darüber hinaus der früheste mit Figurenkapitellen geschmückte und zugleich der größte der französischen Romanik.*“

Thorsten Droste: Die Skulpturen von Moissac. Gestalt und Funktion romanischer Bauplastik. München, Hirmer, 1996 (forthin als „Thorsten Droste“ zitiert), Seite 50.

Wie kommt so eine unbedeutende Kleinstadt zu einer so großen Abtei? Und ist es denn andererseits nicht ein Widerspruch, dass sich diese Abtei überhaupt in einer Stadt befindet, wo doch Mönche immer die Einsamkeit, die „Wüste“, gesucht haben?

Wo ein Kloster entstand, ist einerseits eine Frage der Stiftung, andererseits eine der Observanz. Benediktiner haben sich gerne in städtischen Räumen angesiedelt, während andere Mönchsgemeinschaften wie zum Beispiel die Zisterzienser tatsächlich einsame Gegenden suchten.

Moissac ist heute ein kleines Städtchen, ungefähr 80 Kilometer nördlich von Toulouse in der Landschaft Quercy gelegen. Es liegt am rechten Ufer des Tarn kurz vor seiner Mündung in die Garonne und war um das Jahr 1000 eine wichtige Handelsstadt. Hier soll nach einer Legende der Frankenkönig Chlodwig I. (466–511) ein Benediktinerkloster gegründet haben, wie es Aimery de Peyrac, Abt von Moissac (1377–1406), in seiner Chronik der Abtei mitteilt. Die Gründung des Klosters wird heute für die Zeit um 630 angenommen. Nach vorübergehender Blütezeit und zweimaliger Zerstörung durch die Sarazenen im 8. Jahrhundert kam es Anfang des 9. Jahrhunderts zu einem kurzen Aufschwung der Abtei. Doch dann fielen Normannen, später Ungarn ein und zerstörten das Kloster. Aus der Zeit bis zur Mitte des 10. Jahrhunderts wissen wir praktisch nichts über St-Pierre.

Axel Müssigbrod: Die Abtei Moissac 1050-1150. Zu einem Zentrum cluniacensischen Mönchtums in Südwestfrankreich. München, Wilhelm Fink, 1988.

Im 11. Jahrhundert scheint eine gewisse Konsolidierung und Entspannung die Entwicklung des Klosterlebens in Moissac möglich gemacht zu haben. Der entscheidende Schritt wurde im Jahre 1048 getan, als sich die Abtei der cluniazensischen Reform anschloss. Interessant ist dabei, dass Moissac nicht dem Mutterkloster untergeordnet wurde, sondern den Rang einer eigenständigen Abtei behaupten konnte. Der bedeutende Abt Odilo von Cluny (994–1049) setzte Durandus (1048–1072), der ebenfalls aus Cluny kam, als Abt in St-Pierre ein. Dieser ging das Reformwerk mit großem Eifer an, sodass die Abtei zu einem führenden Kloster in Südwestfrankreich wurde. Zahlreiche Klöster wurden von hier aus gegründet oder schlossen sich Moissac – nicht direkt Cluny – an. Abt Durandus war ab 1059 auch Bischof von Toulouse, wodurch reiche Stiftungen nach Moissac flossen. Der Nachfolger von Durandus, Abt Hunaldus (1072–1085), tritt als künstlerischer Gestalter von Moissac nicht in Erscheinung, da er offenbar Schwierigkeiten mit seinem Konvent wegen seiner Investitur hatte. Unter Abt Ansquitil (1085–1115) errang die Abtei ihre alte Bedeutung. Ihr Besitz mehrte sich wieder. Nun begann die Epoche, in der die Abtei jene künstlerische Ausgestaltung erhielt, die sie zu einem der bedeutendsten Kleinode romanischer Kunst werden ließ. Zunächst entstand unter Abt Ansquitil der Kreuzgang in seiner bis heute erhaltenen Form. Kurz darauf wurde das prachtvolle Kirchenportal unter Abt Roger (1115–1135) errichtet. Beide Kunstwerke sind sichtbarer Ausdruck dieser aufstrebenden Zeit. Abt Ansquitil konnte den großartigen romanischen Kreuzgang bereits im Jahr 1100 weihen. Der Mittelpfeiler der Westgalerie trägt eine Inschrift, die besagt: „*Im Jahr 1100 nach der Fleischwerdung des Herrn (hier als Prinz bzw. Fürst tituliert) wurde dieser Kreuzgang zur Zeit des Abtes Ansquitil errichtet Amen.*“

Übersetzung von Thorsten Droste, Seite 19.

1212 wurde der Kreuzgang in den Albigenserkriegen schwer beschädigt, im selben Jahrhundert aber unter Verwendung des alten Materials von Abt Bertrand de Montaigu (1260–1295) renoviert.

Im 14. Jahrhundert begann auch in Moissac die Idee des klösterlichen Lebens zu degenerieren, und obwohl sich der erwähnte Abt Aimery de Peyrac bemühte, den Glanz des Klosters vergangener Tage wiederherzustellen, war der Niedergang nicht mehr aufzuhalten. Im

14. und 15. Jahrhundert trugen die Ereignisse des Hundertjährigen Krieges zum weiteren Verfall bei. 1626 wurde schließlich ein Stift für Weltgeistliche eingerichtet und im selben Jahrhundert wurde die reich bestückte Bibliothek des Klosters aufgelöst. Die Aufhebung des Konvents in der Französischen Revolution war dann nur mehr eine Formsache.

Kapitell 30, Abbildung 3, Seite 26

Während der Revolution, im Oktober 1793, wurden alle Köpfe der Kapitellskulpturen im Kreuzgang bis auf einen zerstört oder zumindest arg beschädigt. In späterer Zeit verursachten Besucher und Touristen durch Einritzen ihrer Namen und anderer „Sgraffitos" weiteren Schaden. Die Pfeilerreliefs sind eigenartigerweise der Zerstörungswut entgangen.

Es sind auf allen Skulpturen fast nur die Köpfe abgeschlagen. Warum haben die Revolutionsbanden nicht auch die Kapitelle mit den Pflanzen und Tieren zerstört?

Beispiel: Kapitell 6, Abbildung 19, Seite 103

Kapitell 1, Abbildung 38, Seite 192

Wenn die Erinnerung an einen Menschen vernichtet werden soll, muss seinem Abbild das Gesicht, der Kopf, der Sitz seiner Seele und seines Geistes genommen oder – wie es die Ägypter getan haben – sein Name ausgelöscht werden. Um die Mönche besonders zu treffen, wurde die am Kapitell 1 eingemauerte Petrusreliquie herausgerissen und an diesem Kapitellkorb auffallend stark gewütet. Damit wurde den verhassten Mönchen ihr Andenken und ihre Identität genommen.

Abbildung 3: Kapitell 30, Gangseite
Der Kreuzritter mit Lanze ist die einzige Figur, die die Beschädigung des Kreuzgangs während der Revolution heil überstanden hat. Am Echinus über der Mittelkonsole befindet sich im mittleren Medaillon der Blütenranken eine Taube (Opfertier der Armen), die mit ihrem Schnabel in die Ranke beißt.

Außerdem ist zu bedenken, dass in der Romanik die für die Aussage wichtigen Personen und Körperteile, wie Köpfe und Hände, größer und stärker aus der Reliefebene herausgemeißelt worden waren, um sie in eine höhere Bedeutungsebene zu heben. Umso leichter konnten sie daher aus dem Kapitell herausgeschlagen werden.

Wem gehört der Kreuzgang heute?

Der Kreuzgang befindet sich heute im Besitz der Stadt Moissac, die eine separierte Eingangshalle für die Nutzung durch den Tourismus angebaut hat. Er ist das ganze Jahr über gegen ein geringes Entgelt zu besichtigen. Eine Restaurierung wäre notwendig, stellt aber einen nicht unerheblichen Kostenaufwand dar.

Ästhetische Architektur

Trotz der vielen Spuren und Wunden, die die Vergangenheit hinterlassen hat, fasziniert mich der Kreuzgang wie selten etwas. Es wird wohl wenige Kreuzgänge geben, die von so harmonischer Ästhetik sind. Dieser hier ist wirklich ein Juwel in architektonischer Hinsicht. Er strahlt eine geheimnisvolle Stimmung aus, Konzentration und Stille.

Abbildung 1, Seiten 15–18

Dabei gab es für den Menschen der Romanik den Begriff der Ästhetik nicht. Die meisten heutigen Besucher verstehen nicht, dass hier Menschen mehr geschaffen haben als ein Kunstwerk von vollkommener Ästhetik.

Das, was wir heute unter Ästhetik verstehen, war es also nicht, was den Anstoß für ein derart „schönes Kunstwerk" bildete. Der Mensch des Mittelalters muss wohl einen anderen Zugang zur Schönheit gehabt haben. Offenbar schuf er seine „Kunstwerke" aus einer ganz anderen Sichtweise heraus.

Das, was sich hinter den Steinen und Skulpturen verbirgt, hat mit „Ästhetik" und „Kunst", wie wir die Begriffe heute verstehen, nichts

zu tun und ist für uns „moderne“ Menschen nur mehr schwer nachvollziehbar, zumal wir es mit dem Verstand zu ergründen versuchen. Wir sind schon so weit von der Natur entfernt, dass wir nicht mehr unmittelbar „verstehen“ und erleben können. Außerdem ist romanische Kunst fast ausnahmslos religiöse Kunst, was uns säkularisierten Menschen des 21. Jahrhunderts Schwierigkeiten im Verständnis des Abgebildeten bereitet. Auslöser für die Entstehung eines „Kunstwerks“ waren von frühchristlicher Zeit bis etwa um 1200 fast immer Bezüge zur Liturgie.
Der Mensch jener Zeit, in der dieser Kreuzgang entstand, lebte in und mit der Natur. Sie erhielt ihn am Leben, beschützte und bedrohte ihn. Da er selbst ein Teil von ihr war, „verstand“ er sie nicht. Sie war für ihn voller Magie. Sie stellte für ihn, da er ein christlicher Mensch war, den Spiegel des Göttlichen dar. Für den mittelalterlichen Menschen war das Bild der Realität ein Abbild der göttlichen Ordnung, die dahintersteht.

Das wird wohl ganz besonders für die Errichtung eines Kreuzgangs oder eines Klostergebäudes gegolten haben. Die Mönche schufen sich ein Zuhause, in dem sie ihre Liturgie feiern konnten und von außen nicht gestört wurden. Wahrscheinlich brachten sie dabei auch Zeichen an, die auf die Ausübung ihrer Liturgie Bezug nahmen. vergleiche Seite 147

Und außerdem erlebten sie die von ihnen errichteten Bauten als Symbole der höheren Welt. Johan Huizinga in „Herbst des Mittelalters“:

Johan Huizinga: Herbst des Mittelalters. Studien über Lebens- und Geistesformen des 14. und 15. Jahrhunderts in Frankreich und den Niederlanden. Stuttgart, Alfred Kröner, 1987, Seite 237f.

„Es gibt keine große Wahrheit, deren der mittelalterliche Geist gewisser war, als jener des Wortes an die Korinther […]: *‚Wir sehen jetzt durch einen Spiegel in einem Rätsel, dann aber von Angesicht zu Angesicht‘* [1 Kor 13,12]. – *Man übersah niemals, daß jedes Ding ohne Sinn sein würde, wenn seine Bedeutung sich in seiner unmittelbaren Funktion und Erscheinungsform erschöpfte, daß alle Dinge ein gutes Stück in die jenseitige Welt hineinragen.“*

Alles, auch das Böse, ist von Gott geschaffen. Für den Menschen der Romanik war alles Sichtbare Symbol für das, was „dahinter“ steht. Natürlich brauchte er ein entsprechendes Wissen über „die Dinge“ dieser Welt, um die Symbolik zu verstehen. Daher kam es in der Romanik zur Herausgabe vieler umfassender Enzyklopädien, denn, so Umberto Eco, *„spricht die Bibel durch Personen, Gegenstände, Ereignisse, erwähnt sie Blumen, Naturwunder, Steine, bringt sie mathematische Subtilitäten ins Spiel, so muß man im überkommenen Wissensbestand nachsehen, was die Bedeutung dieses Steines, dieser Blume, jenes Ungeheuers, jener Zahl ist.“*

Umberto Eco: Kunst und Schönheit im Mittelalter. München/Wien, Carl Hanser, 1991 (forthin als „Umberto Eco“ zitiert), Seite 97.

Im Symbol wird etwas anderes erkannt als das, was in ihm erscheint. Nur muss beides, das Erscheinungsbild sowie das, was hinter ihm steht, zumindest für den Zeitgenossen erkennbar gewesen sein.

Viele Symbole müssen gar nicht erklärt werden. Sie sind intuitiv erfassbar. Ein Adler, zum Beispiel, ist ein Tier, das in den Himmel, ins Licht steigt. Ruhig kreist er über den Wolken, er hat einen mächtigen Überblick. Damit ist er in allen Kulturen ein Symbol für das Sonnenhafte, das Göttliche.

Das braucht man einem Menschen, der mit seiner Natur lebt und von ihr abhängig ist, nicht zu erklären. Viele unserer Bauern haben noch diesen unmittelbaren Bezug zur Natur. Sie können vielfach noch aus der Natur lesen.

In der Romanik wurde versucht, das Symbol des Adlers christlich zu deuten, wie das im Physiologus, einem frühchristlichen Kompendium der Tiersymbolik, geschah: *„Wenn er* [der Adler] *alt wird, werden seine Schwingen schwer und seine Augen werden trübe. Was also tut er? Er suchet eine Quelle reinen Wassers, und fliegt empor in den Strahlenkranz der Sonne und verbrennt seine alten Fittiche und wirft ab die Düsternis seiner Augen, und läßt sich hernieder zur Quelle und taucht hinein dreimal, und so erneut er sich und wird wieder jung.“*

Otto Seel (Übertragung und Erläuterung): Der Physiologus. Tiere und ihre Symbolik. Zürich, Artemis,1987, Seite 13.

Deswegen wird er im Christlichen zu einem Symbol für die Auferstehung und die Wiedergeburt in einer neuen Welt.

Genauso ist es; doch ist ein Adler, der mit dem Kopf nach unten abgebildet ist und „Erde frisst“ oder sich in den Ästen der Bäume verfängt, ebenso ein Symbol für den erdgebundenen, sündigen Menschen. So ist jedes Symbol doppeldeutig, oftmals mehrdeutig. Um es zu verstehen, muss es aus seinem Zusammenhang heraus gedeutet werden.

Kapitell 59, Abbildung 4, Seite 33

Abbildung 4: Kapitell 59, Hof- und Ostseite
Am Kapitellkorb sind Bäume dargestellt, deren Stämme jeweils die Ecken des Kapitells bilden, darunter Erdschollen, aus denen sie herauswachsen. In den Ästen haben sich Adler verstrickt. Am Echinus sind doppelköpfige Adler in heraldischer Form zu sehen.

Haben die Menschen damals das auch verstanden und haben sie die Symbole auch so gedeutet?

Du sagst selber, dass der Bauer von heute viele Zeichen der Natur lesen kann. Viele Symbole sind direkt verständlich, auch ohne Bildungswissen.
Damals kam eine völlig andere Sicht des romanischen Menschen auf das Historische in seinem Leben und seiner Umwelt dazu. Er lebte unmittelbar in seiner natürlichen Umgebung. Geschichtsbewusstsein, wie wir es heute kennen, war ihm fremd. Zu bedenken ist, dass er geschichtliche Ereignisse anders verstand als wir Menschen des 21. Jahrhunderts. Er glaubte, alle wichtigen Begebenheiten vor dem Wirken Christi seien als Präfigurationen (historische Typologien) des Wirkens des Herrn zu verstehen. Alle sichtbaren, körperlichen Realia sah er als Symbole unsichtbarer Wirklichkeiten an, die vergangen, gegenwärtig oder zukünftig sein könnten. Er bezog alles auf das, was dahinter steht, auf die göttliche Welt und ihr Wirken.

So haben also die Steinmetze und ihre Auftraggeber ebenfalls Zeichen abgebildet, hinter denen sich eine höhere Wirklichkeitsebene befindet, die wir Betrachter sozusagen entschlüsseln müssen, um das „Kunstwerk" zu verstehen?

Wenn Künstler der Romanik Werke gestalteten, die den Mönchen liturgisch dienlich sein sollten – wie etwa einen Kreuzgang – so waren

Gertrud Blaschitz: Schrift auf Objekten, in: Horst Wenzel/ Wilfried Seipel/ Gotthart Wunberg (Hg.): Die Verschriftlichung der Welt. Bild, Text und Zahl in der Kultur des Mittelalters und der Frühen Neuzeit. Schriften des Kunsthistorischen Museums, Band 5, Wien, 2000, Seite 158.

sie sich der folgenden Tatsache bewusst: Alles, was sie schufen, kam nicht von ihnen, sondern von Gott. Sie schufen es nicht nur für Menschen, sondern auch für Gott. Sie „*schufen* [...] *für das Auge Gottes und darum hofften sie, daß das Auge des Weltenrichters wohlgefällig auf sie und ihr Kunstwerk gerichtet wäre.*“ Der Künstler sieht sich als Werkzeug, das von seiner Genialität freilich überzeugt ist. Die Anonymität des romanischen Künstlers ist nicht Bescheidenheit, sondern das Bewusstsein, dass Gott durch ihn wirkt. Der Begriff des Künstlers, wie wir ihn heute definieren – ein Schöpfer, der sich absolut setzt – ist dem Menschen des Mittelalters völlig fremd.
Die Schönheit romanischer Kunstwerke ist nicht auf ästhetischen Überlegungen, sondern auf inhaltlichen begründet. Das Abbild ist der Spiegel des Göttlichen und unterliegt keinen formalen oder bildnerischen Gesetzmäßigkeiten.
Da wir nur rätselhafte Umrisse sehen, erkennen wir meist nicht, was dahinter steckt. Wenn wir durch diesen Kreuzgang gehen, scheinen die Kapitelle ein zusammenhangloses Durcheinander von verschiedensten Darstellungen zu präsentieren. Dabei, davon bin ich überzeugt, zeigen alle Kapitelle bedeutungsvolle Symbole und ergeben ein zusammenhängendes Programm.

Heutige Besucher stehen bestimmt öfter ratlos im Kreuzgang und wissen nicht, was die Darstellungen auf den Kapitellen bedeuten sollen. Auch die Kunstführer verbergen ihre Ratlosigkeit nicht und sprechen von „Bildern, die die Mönche, die täglich hier vorübergingen, zum

Meditieren anregen sollten". Sie sprechen von „zügelloser Phantasie" und „artistischer Willkür". Dass die Skulpturen symbolisch zu deuten wären, geben manche ja noch zu, dass sie aber etwas Zusammenhängendes darstellen könnten, kommt für sie nicht in Frage.

Gehen wir durch das Geviert, sind wir fasziniert von den Eindrücken, die in uns Bild auf Bild wie in einem Film abrollen: pflanzliche und tierische Motive, kalligrafische und zahlensymbolische Botschaften, Fabelwesen, Engel und Menschen, Begebenheiten aus der Bibel und der Legendenwelt wechseln einander ab. Alles scheinbar regellos, ohne Zusammenhang, in hohem Maße geheimnisvoll und zutiefst beeindruckend. Wir spüren förmlich: Hier geht es um etwas anderes als nur um ästhetisches Wirken, hier geht es um mehr als nur um das, was wir sehen. Leider wurden während der Französischen Revolution, genauer gesagt im Jahr 1793, fast allen Figuren die Köpfe abgeschlagen. Nur ein einziger Kopf wurde verschont, an dem wir sehen können, was verloren gegangen ist.

Kapitell 30, Abbildung 3, Seite 26

Ich frage mich, was sich die Mönche gedacht haben, die den Kreuzgang errichten ließen. Haben sie dem Bildhauer die Freiheit gelassen, einfach zu skulptieren, was ihm einfiel? Haben sie Säule für Säule völlig ohne Zusammenhang aufstellen lassen?

Es ist nicht so, dass der „Künstler" bei der Gestaltung freie Hand gehabt hätte. Seit dem 8. Jahrhundert, zumindest seit dem Zweiten

Konzil von Nicäa, im Jahr 787, war es so, dass die Komposition der religiösen Darstellungen nicht der Initiative der Künstler überlassen worden war. Sie hing von den seitens der katholischen Kirche aufgestellten Grundsätzen und der kirchlichen Tradition ab. Nur die Kunst gehörte dem Maler, die Anordnung gehörte den Kirchenvätern, denn *„wer ein Bild verehrt, der verehrt, was in ihm umschriebener Gehalt ist."*

Zitiert nach Hans Belting: Bild und Kult. Eine Geschichte des Bildes vor dem Zeitalter der Kunst. München, C. H. Beck, 2000, Seite 563.

Wir können annehmen, dass der Bildhauer manchmal Zeichen eingearbeitet hat, die nur er verstand. Das ging aber nie so weit, dass der Gehalt des Werks verändert worden und es dem Auftraggeber aufgefallen wäre.

Dann war es also so, dass der Künstler für die Ausführung des Werks – auch das, was wir heute unter Ästhetik verstehen – verantwortlich war und der Auftraggeber für den Inhalt?

Dabei sollten wir uns ins Gedächtnis rufen, was Umberto Eco schlüssig nachgewiesen hat, nämlich dass es ästhetisches Empfinden, wie wir es heute definieren, im 11. Jahrhundert nicht gegeben hat. Wie wir besprochen haben, hat für den Mönch, erst recht für den Abt, der den Auftrag erteilte, alles Abgebildete einen symbolischen Wert. Es ist daher für jeden – für den Mönch damals und für den Menschen heute – absolut richtig, hinter dem Abgebildeten einen tieferen Sinn zu suchen. Das war sicher auch der Grund, warum der heilige Bernhard von Clairvaux (1090–1153) solche Kapitelle ablehnte: Das Bild habe während der Meditation im Kopf des Betenden zu entstehen, reale Vorbilder könnten dabei nur ablenken. *„Und im Übrigen: Was soll in unseren Klöstern, wo die Fratres das Offizium lesen, jene lächerliche Monstrosität, jene unförmige Schönheit und schöne Unförmigkeit? [...] Überall also zeigt sich eine so große und seltsame Vielfalt verschiedenartiger Formen, daß man sich mehr dazu hingezogen fühlt, den Marmor zu lesen anstatt die Heiligen Schriften, und lieber den Tag damit verbringt, nacheinander diese Bildwerke zu betrachten, als über das göttliche Gesetz zu meditieren.“*

Bernhard von Clairvaux: Apologia ad Guillelmum, zitiert nach Umberto Eco, Seite 21f.

Das beweist doch, dass auch damals schon die Einstellung, Symbole als Zeichen für eine höhere Wirklichkeit anzusehen, abgelehnt wurde und der direkte Zugang zu Gott in der Meditation gesucht werden sollte.

Und dennoch blieben die Benediktiner bei ihrer Auffassung, Symbole seien Zeichen für die „Anderswelt“, wie sie die Kelten nannten. Darum müssen wir suchen, was dahinter steht, was die Symbole bedeuten, und ob gar zusammenhängende Programme sichtbar werden.

An dieser Stelle muss ich darauf hinweisen, dass auf dem 52. Kapitell „Personifikationen der Seligpreisungen“ Allegorien abgebildet sind, etwas, das in der Romanik sonst nirgends zu finden ist. In der Romanik werden nur Symbole, keine Allegorien dargestellt. Dass es sich aber eindeutig um Personifikationen der Seligpreisungen, also

Nummerierung der Kapitelle siehe Planskizze Seite 54

um Allegorien, handelt, geht aus den Beischriften auf dem Kapitellkorb hervor.

Worin liegt der Unterschied zwischen einem Symbol und einer Allegorie?

Unter einer Allegorie wird die Darstellung eines begrifflichen Zusammenhangs (wie zum Beispiel eine der Seligkeiten, der Tugenden oder der Todsünden) als Personifikation, also in Menschengestalt verstanden. So wird, um ein Beispiel zu nennen, auf unserem Kapitell die Armut als spärlich bekleidete Frau dargestellt. Bei der Allegorie muss eine Beziehung zwischen der dargestellten Person und dem Begriff, den diese Figur verdeutlichen soll, hergestellt werden. Das Symbol hingegen stellt ein sinnlich wahrnehmbares Zeichen für einen mit den Sinnen nicht wahrnehmbaren Gehalt dar. Also ist zum Beispiel der Vogel ein Symbol für die Freiheit, sich ins Licht zu erheben. Die allegorischen Darstellungen bedienen sich darüber hinaus meist eines oder mehrerer Symbole, um den begrifflichen Inhalt deutlicher zu machen. So hat zum Beispiel die Justitia, als weibliche Person dargestellt, häufig ein Schwert und eine Waage als Symbole in Händen.

Zwischen den beiden Begriffen Allegorie und Symbol wird es eine Reihe von Überschneidungen geben, denke ich mir!

Da hast du wohl Recht. Manche machen auch kaum einen Unterschied zwischen diesen beiden Begriffen oder verwenden sie in einer anderen Bedeutung. Ich habe mir jedenfalls den Gebrauch der beiden Begriffe mit dieser Definition angewöhnt.

Wenn wir die Begriffe also so sehen, dann gibt es die Darstellung einer Allegorie in der Romanik nicht. Die „Personifikation der Seligpreisungen" wäre also für die Zeit um 1100 ein absolutes Unikat. Eigenartig!

Das machte mich auch nachdenklich. Ich fand aber hier keine Erklärung für die Bedeutung der Abbildung und wie ich sie in meine Interpretationen einordnen könnte.

Mich lässt die Frage noch immer nicht los: Haben die Menschen des Mittelalters die dargestellten Symbole wirklich als solche erkannt und haben sie wirklich das, was sie bedeuten sollen, dahinter gesehen? Gibt es dafür Belege aus der Zeit selbst?

Die gibt es. Außer dem in meiner Arbeit zitierten Physiologus sei hier ein anderes, viel älteres Beispiel genannt. Eine Inschrift in einem römischen Haus aus der Spätantike in Kourion auf Zypern besagt (frei übersetzt): *„So wie andere ihre Häuser mit Gold, Silber, Edelsteinen und wertvollen Zeichen ausstatten, schmücke ich das Haus mit den Zeichen/Symbolen Christi.*" Zu sehen sind in dem Bodenmosaik

Vögel, Fische, Bäume mit Früchten, Ewigkeitszeichen (Flechtwerk) und Kreuze.

Der Musikwissenschafter Marius Schneider, der immer wieder Symbole zu deuten versuchte, ist daran gegangen, drei Kreuzgänge in Katalonien (Sant Cugat del Vallès, Ripoll und Girona) nach dem Gesichtspunkt einheitlicher Programme zu untersuchen. Er entdeckte, dass solche Zusammenhänge sehr wohl erkennbar sind. Schneider konnte sich nicht vorstellen, *„dass in dem Benediktinerkloster, dessen Lebensführung zu jeder Tages- und Nachtstunde einer festen (und bis in jede Einzelheit ausgearbeiteten) rituellen Symbolik unterworfen war, plötzlich ein Kreuzgang entstand, bei dessen Anlage sich der Baumeister ‚überhaupt nichts' gedacht haben sollte oder sich nur von rein dekorativen und formalistischen Gesichtspunkten habe leiten lassen."*

Marius Schneider, Seite 10.

Was könnte in einem Kreuzgang fortlaufend – wie auf einem Weg – abgebildet sein? Könnte es möglich sein, dass in einem Kreuzgang ein oder gar mehrere Programme enthalten sind? Wenn das so wäre, dann könnte zum Beispiel das Kirchenjahr, das Kalenderjahr, der Tagesablauf, ein Heilsritus, ein Gebetstext, ein Lebenslauf, die Melodie eines Chorals und vieles anderes mehr verschlüsselt sein.

Ich glaube sogar, dass in den meisten Fällen – auch hier in Moissac – gleichzeitig mehrere solche Programme dargestellt sind, weil hinter jedem Abbild die Seinstotalität steht. Auch in der Musik entstand zu jener Zeit eine Polyphonie, der wir heute größtenteils mit Unverständnis begegnen.

Das Kapitell als Sitz der Zeichen

Wenn wir davon ausgehen, dass der Kreuzgang verschlüsselte Zeichen enthält und diese sogar in Summe ein Programm ergeben könnten, so wird der Sitz dieser Zeichen das Kapitell sein.

Eine andere Möglichkeit schließe ich aus. Das Kapitell ist der Kopf einer Säule (manchmal auch eines Pilasters oder Pfeilers), der formal zwischen dem Säulenschaft und dem auf ihm aufliegenden Bogen oder Mauerteil vermittelt. Eine Säule besteht aus ihrer Basis, dem Säulenschaft, dem Halsring und dem Kapitell. Auf dem darüber befindlichen Kämpfer liegen in Moissac die Arkaden auf. Sie werden von schlanken, abwechselnd einzeln und doppelt gestellten monolithischen Säulen getragen. Jede Säulenstellung verfügt über ein geschmücktes Kapitell, wobei die Doppelsäulen nur ein Kapitell gemeinsam besitzen.

Beispiel: Kapitell 22, Abbildung 35, Seite 180

Der Kämpfer ist meist – auch hier in Moissac – zweiteilig: Über dem Kapitell/Kapitellkorb liegt ein umgekehrter Pyramidenstumpf (eine nach unten abgeschrägte Platte), der **Echinus**, und darüber eine quaderförmige Platte, der **Abakus**.
Der Echinus (das Wort kommt aus dem Griechischen und bedeutet

Kapitell 1, Kämpfer von der Südseite

„Igel") ist ursprünglich das wulstförmige Glied zwischen den Voluten eines ionischen Kapitells. Am dorischen Kapitell bildete er die nach unten abgeschrägte Platte des unverzierten Kämpfers. Der Begriff Abakus (das Wort kommt aus dem Lateinischen und bedeutet „Platte") leitet sich von der rechteckigen Tischplatte (auch Rechenbrett) ab und wird später für die Deckplatte verwendet, die den Kämpfer nach oben abschließt und auf dem die Arkaden aufliegen.
Der Kreuzgang von Moissac wirkt deshalb so lebendig, weil Einzelsäulen und Zwillingssäulen abwechseln. Die Zwillingssäulen haben ein gemeinsames Kapitell, das aus den zwei Säulenschäften herauswächst, wobei eigenartigerweise die Kämpfer der Einzel- und Zwillingssäulen annähernd gleich groß sind. Der Korb über den Doppelsäulen erhält aber trotzdem an der Längsseite eine etwas größere Fläche zum Skulptieren.

Beispiel: Kapitell 67, Abbildung 5, Seite 45

Der Kapitellkorb, der aus dem korinthischen Kapitell entstanden ist, wird hier zu einem Figurenkapitell, das heißt, auf dem Korb werden Figuren dargestellt, die meist eine Geschichte erzählen.

Sind denn die Kapitelle von Moissac mit den klassischen korinthischen Kapitellen noch vergleichbar?

Abbildung 5: Kapitell 67, Gang- und Ostseite
Dieses Kapitell zeigt eine apokalyptische Szene: Der Engel (unter seiner Rechten ein „M“ für Michael) hat den Drachen an die Kette gelegt. Links kommt der Engel aus dem Himmel. Unter der Volute sind drei Wolkenbänder zu sehen, die den Himmel symbolisieren sollen. Der Engel hält in der Linken die Kette, mit der er den Drachen gebändigt hat. Trotz abgeschlagenen Kopfes ist der Drachenleib mit dem Schlangenschwanz und den beiden Flügeln recht gut zu erkennen. Unter der Kette ist die Inschrift zu lesen, die die Begebenheit erklärt: „SERP[en]S ANTICVS QVI:ЄST DIABOLVS“ („die alte Schlange – das ist der Teufel“, Offb 20,2).

Der romanische Kapitellkorb hat noch Elemente des klassischen Kapitells bewahrt. So besitzen alle Kapitelle in Moissac die typischen schneckenförmigen Voluten auf jeder Seite, die den oberen Rahmen für die figürlichen Szenen oder die Blattformen bilden. Nur bei ganz wenigen Kapitellen ersetzen Köpfe die Voluten. Ebenso sitzt oben in der Mitte jedes Korbfeldes der typische Konsolenblock, der manchmal kleine Zeichen trägt.
Im gesamten Kreuzgang ist zwischen dem Kapitellkorb und dem Kämpfer eine unterschiedlich hohe Schicht Mörtel festzustellen. Es gibt meines Wissens keine Untersuchung, wann und aus welchem Grund sie aufgebracht wurde. Vielleicht geschah das bei der Nivellierung der Kämpfer während der Renovierung im 13. Jahrhundert.

Beispiel: Kapitell 53, Abbildung 13, Seite 84, wo Löwenköpfe die Voluten ersetzen

Beispiel: Kapitell 40, Abbildung 18, Seite 101, mit Chrismon

Der Kapitellkorb und beide Kämpferteile sind im gesamten Kreuzgang von Moissac kunstvoll verziert und scheinen *„aus dem arabischen Kunstkreis der Iberischen Halbinsel abgeleitet.* [Sie] *wurden wahrscheinlich sogar von Künstlern aus Spanien geschaffen, die sich auf diese Form der Architekturdekoration spezialisiert hatten.*“ Auf dem Echinus sind meist Pflanzenteile, Tiere oder Fabelwesen abgebildet, während der Abakus manchmal Schriftzeichen aufnimmt, ansonsten aber mit Ornamenten und Mustern (meist Schuppen) versehen ist.

Beispiel: Kapitell 47, Abbildung 26, Seite 138

Thorsten Droste, Seite 150.

Das ist aber doch nicht einheitlich so? Ich habe den Eindruck, dass auf

Abbildung 6: Kapitell 68, Hofseite
Auf diesem Kapitell sind alle vier Evangelisten in Form ihrer Symbole dargestellt. Auf der Hofseite der Evangelist Lukas als Stier. Rechts unterhalb der Mittelkonsole stehen die Anfangsbuchstaben des Beginns seines Evangeliums, die leider kaum mehr zu entziffern sind: „Q[uoniam] Q[uidem] M[ulti] C[onati sunt] O[rdinare] N[arrationem]".
Am Echinus stehen auf jeder Seite zwei Löwen, deren Schwänze sich nicht – wie so häufig in der Romanik – jeweils um einen Schenkel nach hinten winden, sondern sich um eine Pflanze in der Mitte über der Konsole drehen. Ihre Köpfe verschwinden an den Ecken der Kapitelle in Pflanzenteilen oder sie haben Menschenköpfe im Rachen. An zwei Ecken sind sie abgebrochen, sodass Genaueres nicht zu erkennen ist.

Echinus und Abakus von Kapitell 8, Südseite

den Betrachter in Moissac ein phantastisches Durcheinander von verschiedensten Bildern wirkt.

Bei genauem Hinsehen könnte man doch einen Plan dahinter vermuten. Nur vier Kapitelle weisen zum Beispiel einen mit Blüten beziehungsweise Pflanzenteilen besonders geschmückten Abakus auf: Die beiden Kapitelle mit den vier Evangelisten und das Kapitell mit dem „wunderbaren Fischfang“ nehmen auf die christliche Erlösung durch den Empfang der Frohbotschaft Bezug. Das vierte Kapitell mit besonders geschmücktem Abakus, das Kapitell 44 mit den „höllischen Ungeheuern“, fällt aus dieser Reihe völlig heraus. Es besitzt eine negative Symbolik und bezieht sich damit auf das Gegenteil der christlichen Erlösung, auf das Fehlen der Frohbotschaft.

Kapitell 32, Abbildung 2, Seite 21

Kapitell 68, Abbildung 6, Seite 47

Kapitell 28, Abbildungen 10 und 11, Seiten 74 und 75

Können wir eines der Kapitelle einmal genau anschauen, damit wir erkennen, was die Zeichen darauf bedeuten? Und dann versuchen wir von diesem aus die anderen zu erschließen?

Die genaue Beschreibung aller Kapitelle des Kreuzgangs ist nicht Sinn der vorliegenden Publikation. Ich verweise diesbezüglich auf die ausgezeichnete Arbeit Thorsten Drostes, in der alle Kapitelle eingehend beschrieben werden.

Wir versuchen das an dem Beispiel des Figurenkapitells 35. Auf dem Korb des Kapitells wird eine Heiligenlegende erzählt: die Mantelspende des Martin von Tours und ein von ihm gewirktes Wunder. Die Erzählung beginnt auf der Westseite. Der Heilige, bislang noch römischer Soldat, sitzt auf einem Pferd. Mit der linken Hand hält er den Mantel empor, dessen zweiten Zipfel der Bettler packt, der vor ihm steht. Die Rechte des heiligen Martin führt das Schwert, mit dem er den Mantel durchtrennt. Darüber ist die Inschrift „MARTINVS" zu lesen. Auf der Klinge des Schwertes steht außerdem in winzigen Lettern: „DIR[em]IT V[este]M" („er zerteilt den Mantel"). Hinter Martin wacht ein Engel. Auf der Hofseite ist eine Stadt dargestellt (Amiens, wo sich die Mantelspende zugetragen haben soll) und auf der Gangseite steht Christus, der von zwei Engeln mit dem gespendeten Mantel bedeckt wird. Auf der Ostseite ist eines der Wunder des heiligen Martin „Die Erweckung eines toten Novizen" zu sehen.

Kapitell 35, Abbildung 7, Seite 50

Auf dem Echinus werden Hähne und Hunde dargestellt, die von Greifen attackiert werden. Diese Symbole sind nur schwer zu entschlüsseln, stellen aber wichtige Zeichen für meine Deutung dar.
Der Abakus trägt folgende Inschrift:
„MARTINVS ADhVC CATECVMINUS – hAC ME VESTE CONTEXIT – hIC MARTINVS: ELeCTVS – DЄI PONTIFeX" *(„Martin, damals noch Katechumene, bekleidete mich mit diesem Mantel. Hier Martin als Bischof von Gott erwählt").*

Übersetzung von Thorsten Droste, Seite 122.

Abbildung 7: Kapitell 35, Gangseite
Christus wird von zwei Engeln mit dem Mantel des heiligen Martin bedeckt. Damit wird auf die Stelle im Evangelium des Matthäus (Mt 25,40) Bezug genommen, in der es heißt: „Was ihr für einen meiner geringsten Brüder getan habt, das habt ihr mir getan". Auf dem Echinus kämpfen Greifen mit Vögeln. Am Abakus ist „DЄI PONTIFeX" (ganzer Text Seite 49) zu lesen.

Wenn ich das richtig verstehe, erzählt der Kapitellkorb rund um die ganze Säule eine Geschichte: Beginnend auf der Westseite mit der Mantelspende, wird auf der Hofseite die Stadt Amiens dargestellt; weiter dann auf der Gangseite, die wir von unserem Standpunkt aus gut sehen können, die Lehre aus der Geschichte – denn Christus selbst war es, den Martin mit seinem Mantel bedeckt hat – und auf der Ostseite ein Wunder, das nach dem Tode des Heiligen geschah. Das ist sehr verwunderlich und eigentlich sinnwidrig.

Wie meinst du das?

Wenn der Mönch, der durch den Kreuzgang geht, die Geschichte ablesen und verstehen möchte, müsste er über die Mauer, auf der die Säulen stehen und die mehr als einen halben Meter hoch ist, in den Garten hinaus klettern, um alle vier Seiten des Kapitells lesen zu können. Dass ein Mönch in seinem kontemplativen Leben so etwas macht, kann ich mir beim besten Willen nicht vorstellen.

Da hast du Recht. Es ist schwer vorstellbar, dass ein Mönch in seiner Kutte solche Turnübungen vollführt. Wenn ich das recht bedenke, gilt das für viele Kapitelle, vor allem auch für die Texte auf den Abaki. Nehmen wir zum Beispiel den Abakus des ersten Kapitells, der weiter unten eingehend behandelt wird. Sein Text ist von einem Standpunkt aus nicht zu entschlüsseln. Man müsste tatsächlich um die gesamte Säule herumgehen, was in fast allen Fällen unmöglich

Kapitell 1,
Abbildung 20, Seite 105

siehe Seite 104

ist. Bei der ersten können wir durch den kleinen Durchgang in den Hof hinaustreten, bei allen anderen Säulen ist das aber nicht möglich.

Für wen sind dann die Inschriften angebracht worden, wenn sie gar nicht ohne weiteres gelesen werden können?

Es erhebt sich – wie so oft in der mittelalterlichen Kunst – die Frage, für wen das Kunstwerk geschaffen wurde. Wer sollte es lesen können? Wir kennen das: In vielen mittelalterlichen Kirchen sind die Fresken und Skulpturen so hoch oben oder versteckt platziert, dass man sie bei der schlechten Beleuchtung der damaligen Zeit und ohne Sehhilfe, die es damals noch gar nicht gab, nicht ausnehmen konnte. Eine „Biblia pauperum" – eine bebilderte Bibel für das Volk und noch nicht unterwiesene Novizen – wie das immer wieder behauptet wird, kommt also kaum in Frage. Die Mönche konnten zwar lesen und kannten ihre Bibel gut, aber dennoch war auch für sie, wie du eben festgestellt hast, der Text des Abakus nicht abzulesen.
Es war auch nicht sinnvoll, allein für Gott solche Bilder anzubringen. Es sollte wohl eher ein spiritueller Inhalt für jene sein, die das Bauwerk genau kannten. Eine Säule lieferte die Grundlage für eine Meditation zu einem bestimmten Thema. Darüber konnte der Betrachter dann nachdenken. Das ist sicher auch der Grund, warum eine solche Menge symbolischer Inhalte in den Kapitellen versteckt wurde, die es zu entdecken galt und gilt. Allein in den Inschriften

verstecken sich so viele Rätsel, dass man geradewegs zum Meditieren angeregt wird.

Großartig! Der Gedanke, dass ein Kapitell den Platz für ein einzelnes Thema darstellt, wäre die Grundlage dafür, dass sich ein Zusammenhang für alle Kapitelle des gesamten Kreuzgangs finden lassen müsste.

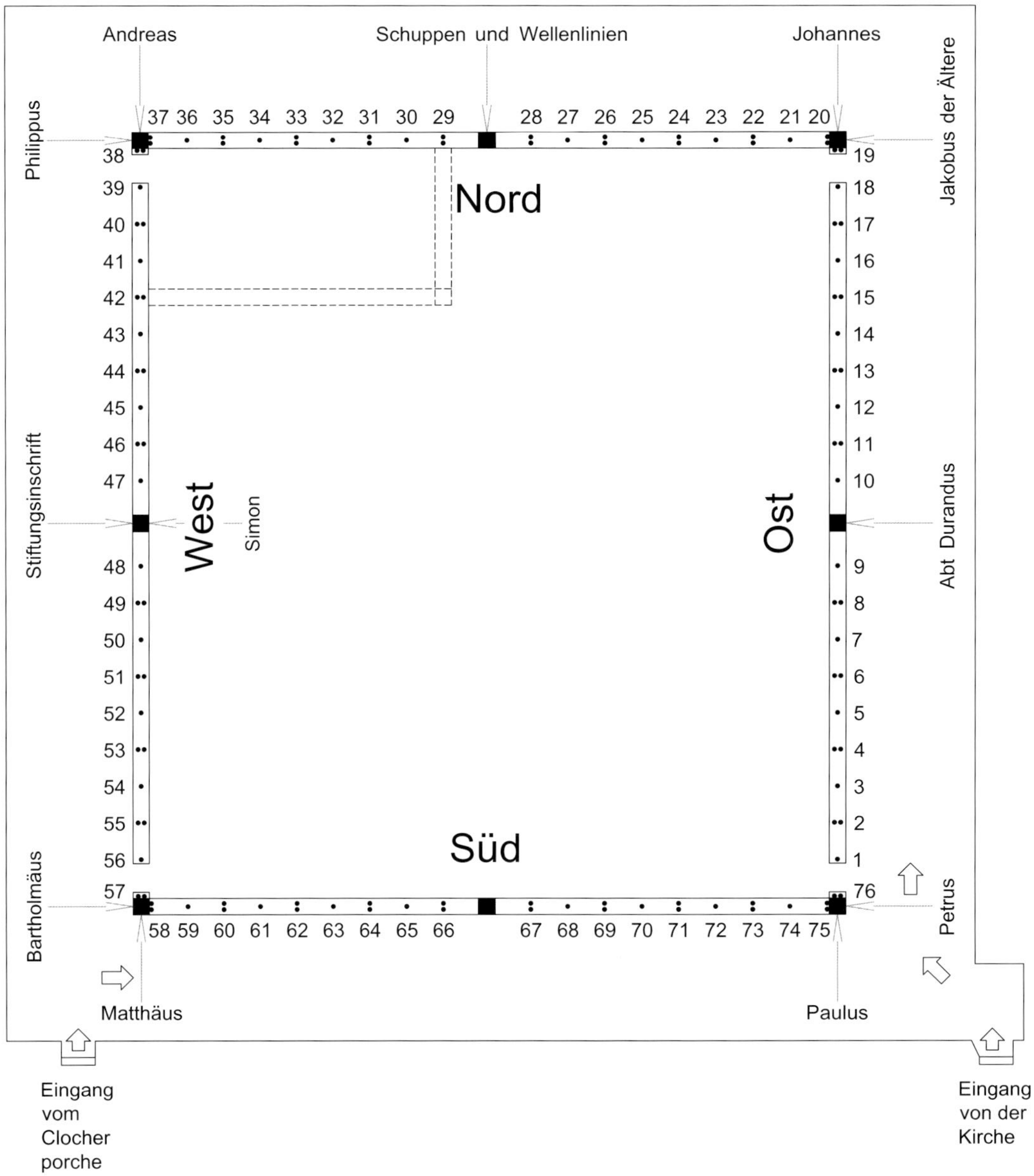

Planskizze „Der Kreuzgang“

Der Kreuzgang von Moissac

Du willst also die Themen der einzelnen Kapitelle entschlüsseln, die Symbole ablesen und eventuelle Zusammenhänge aufdecken. Sollten wir aber nicht, bevor wir ins Detail gehen, den Kreuzgang als geschlossene Einheit betrachten?

Abbildung 1, Seiten 15–18

Wir schauen uns den Kreuzgang zunächst in seiner Gesamtheit an. Er hat den Grundriss eines Rechtecks: die Ost- und Westseite ist jeweils 39,68 Meter, die Nord- und Südseite jeweils 37,44 Meter lang.

Zur Zeit seiner Entstehung wurde doch nicht in Metern gemessen.

Über die Maße siehe Albrecht Kottmann: Das Geheimnis romanischer Bauten. Maßverhältnisse in vorromanischen und romanischen Bauwerken. Stuttgart, Hoffmann, 1971.

Damals war die Maßeinheit ein Fuß. Es gab aber in jeder Gegend eigenständige Maße. Ein Fuß entsprach in Moissac 0,32 Metern. Die Länge des Rechtecks von 39,68 Metern misst daher 124 Fuß, und die Breite von 37,44 Metern 117 Fuß.
Die Ecken und die Mitte jedes Kreuzgangflügels werden durch rechteckige Pfeiler verstärkt. Dazwischen tragen Einzelsäulen abwechselnd mit Doppelsäulen die Arkaden, über denen das Mauerwerk aufsteigt. Die Ost- und Westflügel haben je 20 Arkaden, die Nord- und

Südflügel je 18, in Summe also 76. Da die Mittelpfeiler in jedem Flügel über keine eingestellten Halbsäulen verfügen, die Arkaden also auf keinem Kapitell, sondern auf dem Pfeiler aufliegen, haben Ost- und Westflügel je 20 Kapitelle und Nord- und Südflügel je 18, das ergibt insgesamt 76 Kapitelle. Damit wird die Zahl 76 raffiniert herausgehoben, da sie zweimal vorkommt, als Anzahl der Arkaden sowie als Anzahl der Kapitelle.

Da Einzelsäulen mit Zwillingssäulen abwechseln, stehen im Ost- und Westflügel je 30 Säulen, im Nord- und Südflügel je 28. Das ergibt in Summe 116 Säulen.

Die Pfeiler an den Ecken des Kreuzgangs und in der Mitte jedes einzelnen Flügels sind als Ziegelpfeiler aufgemauert und mit skulptierten Platten aus grauem Marmor verkleidet. Die Marmorplatten an den Eckpfeilern zeigen an den Seiten zum Kreuzgang hin die fast lebensgroßen Figuren der Apostel: Paulus und Petrus am Südostpfeiler, Jakobus der Ältere und Johannes am Nordostpfeiler, Andreas und Philippus am Nordwestpfeiler und Bartholomäus und Matthäus am Südwestpfeiler.

Abbildung 8, Seite 58

Die Mittelpfeiler tragen zum Teil ebenfalls Marmorskulpturen: im Ostflügel, gegenüber dem Eingang zum ehemaligen Kapitelsaal, das Bild des Abtes Durandus; im Nordflügel ornamentales Dekor, nämlich Schuppen (Symbol für Erde) und Wellenlinien (Symbol für Wasser); im Westflügel innen die Stiftungsinschrift und außen, zur Hofseite hin, die Figur des Apostels Simon, die erst im 19. Jahrhundert hier angebracht worden ist; der Pfeiler des Südflügels besitzt keine Marmorplatte. Wahrscheinlich sind an den nackten Stellen Marmorplatten verloren gegangen.

Früher befand sich an der Nordwestecke des Kreuzgangs das Brunnenhaus, das Anfang des 19. Jahrhunderts abgerissen wurde. Es war auch von Arkaden umschlossen, die ebenfalls von Säulen mit skulptierten Kapitellen getragen wurden. In der Sammlung Belbèze in Moissac und im Lapidarium (Ausstellungsraum für Steindenkmäler und Skulpturen) in der Nordostecke des Kreuzgangs befinden sich noch einige bescheidene Reste des Brunnenhauses. Es sind sonst weder bauliche Reste noch Aufzeichnungen darüber erhalten. Über Aussehen und die Einbeziehung in ein Programm kann daher keine Aussage getroffen werden. Trotz solcher Lücken findet sich kein vergleichbarer Kreuzgang aus dieser Zeit in ganz Europa.

Abbildung 8: Der Südostpfeiler
Gegenüber dem Ausgang von der Kirche in den Kreuzgang (Nordportal) steht ein Pfeiler, dessen Marmorreliefs links Paulus und rechts Petrus zeigen. Über den Reliefs der Apostelfürsten sind in den Bögen, die das Bildfeld nach oben abschließen, ihre Namen geschrieben: Links „S[an]C[tu]S PAVLVS", dann folgt ein Kreuz in der Mitte des Bogens und anschließend steht „APOSTOLVS". Dieselbe Anordnung finden wir rechts: „S[an]C[tu]S PЄTRVS", (Kreuz), „APOSTOLVS". Über dem „C" des „SCS" bei Petrus ist ein Kürzungsstrich angebracht, während er beim „SCS" des Apostels Paulus in das „C" gesetzt wurde, um zu einem Kreuzbalken zu werden. Solche Abkürzungen für die „Nomina Sacra" (die heiligen Namen) sind in der damaligen Zeit durchaus üblich (siehe Seite 98).
Beide Apostel halten in der Linken ein Buch, Paulus erhebt die Rechte zum Segensgestus, Petrus hält seine Schlüssel. Es sind zwei, als Zeichen für seine Macht des Lösens und Bindens, wie es bei Matthäus (Mt 16,19) zu lesen ist. Am unteren Saum der Gewänder der beiden Apostel sind die berühmten Pfeilfalten (Erklärung siehe Seite 118f) zu sehen. Petrus ist mit Tonsur dargestellt. Da er hier als Vorbild für die Mönche steht, ist die Haartracht durchaus verständlich. Er wird damit sozusagen zum Bruder der Mönche.

Die Zahlensymbolik

Wo sollen wir mit unserer Suche beginnen, wenn wir ein Programm finden möchten, nach dem die Anordnung der Kapitelle gestaltet worden ist? Und vor allem: Wonach sollen wir suchen?

Das Programm des Kreuzgangs ist schwer erschließbar, besonders auch deshalb, weil bei der Renovierung des Kreuzgangs nach der Zerstörung durch die Truppen des Simon von Montfort im 13. Jahrhundert wahrscheinlich einige Kapitelle nicht mehr an ihren angestammten Platz kamen. Von dem Wiederaufbau des 13. Jahrhunderts stammen die zugespitzten Arkaden und das über ihnen aufgehende Mauerwerk aus gebrannten Ziegeln. Es lässt sich nachweisen, dass damals sämtliche Kapitelle, Säulen – die zum Teil Spolien sind – und Pfeilerreliefs wiederverwendet wurden und nur wenige Kapitelle vertauscht worden sind. Vielleicht sind damals die drei Apostelreliefs, die uns von den zwölf fehlen, in Verlust geraten. Die noch vorhandenen Apostelreliefs (außer Simon) befinden sich noch immer an den Stellen, für die sie damals geschaffen worden sind. An den Pfeilerreliefs ist bereits ein Programm ablesbar, denn die Apostel sind in der Reihenfolge abgebildet, wie sie der Evangelist Markus

Zu dem Problem der neun beziehungsweise zwölf Apostel siehe Meyer Schapiro: Romanische Kunst. Köln, 1987 (forthin als „Meyer Schapiro" zitiert), Seite 453, Anmerkung 51.

aufzählt: Petrus (als erster, direkt gegenüber dem Ausgang der Kirche), Jakobus der Ältere, Johannes, Andreas, Philippus, Bartholomäus, Matthäus, (Thomas, Jakobus der Jüngere und Judas Thaddäus fehlen), Simon Kananäus und Paulus als letzter (statt des Judas Iskariot). So kommen in diesem Kreuzgang die beiden Apostelfürsten Petrus und Paulus am Südostpfeiler vereint zu stehen. Für das Kloster war das höchst bedeutsam, weil es ja den beiden Apostelfürsten geweiht war.

Mk 3,16-19

Wenigstens zwei der drei Apostelreliefs könnten sich gemeinsam mit dem des Simon am Brunnenhaus befunden haben. Nach Thorsten Droste, Seite 61 ff.

Außer diesem „Programm" haben wir also keinen Anhaltspunkt, wonach wir suchen sollen?

Nein, aber halten wir uns doch zunächst an das, was uns sofort auffällt und was wir leicht verstehen können: die vielen Zahlensymbole, die in dem Kreuzgang erkennbar sind. Sie allein sind schon besonders aussagekräftig und typisch für Kreuzgangbauten des Mittelalters. Wenn der Mönch des Mittelalters daranging, ein Bauwerk zu errichten, das liturgische Bedeutung haben sollte – wie einen Kreuzgang –, so suchte er das Vorbild für sein Tun dort, wo er die Möglichkeit hatte, mit seinem „kleinen" menschlichen Verstand ein wenig in die jenseitige Welt hineinzuschauen, in der Heiligen Schrift. *„Der mittelalterliche Mensch lebte tatsächlich in einer Welt, die voll war von Bedeutungen, Hinweisen, Doppelsinnigkeiten, Manifestationen Gottes in den Dingen, in einer Natur, die ständig in einer heraldischen Sprache redete"*, so Umberto Eco. Es ist daher durchaus legitim

Umberto Eco, Seite 80.

und für das Verständnis notwendig, „hinter den Dingen herauszulesen“ und symbolische Entsprechungen zu suchen. Nochmals Eco: *„Ein Großteil der Versuche der mittelalterlichen Allegorik, die Zusammenhänge zwischen Mikrokosmos und Makrokosmos mittels mathematischer Archetypen zu interpretieren, geht von diesen Vorstellungen aus: Der Kosmos als großer Mensch und der Mensch als kleiner Kosmos.“* Demnach spiegelt sich der ganze Kosmos im Menschen.

Umberto Eco, Seite 58.

So baut der Mönch nach der Maxime, die er in der Heiligen Schrift findet: *„Du aber hast alles nach Maß, Zahl und Gewicht geordnet.“* Der mittelalterliche Mensch ist davon überzeugt, dass Zahl, Proportion und Ordnung unmittelbar mit Schönheit zu tun haben. Er stützt sich dabei auf Aussagen, die auf die Antike zurückgehen, besonders auf die Erkenntnisse der Pythagoräer. Der griechische Arzt und Philosoph Galenos von Pergamon (129–um 199) ist folgendermaßen überliefert: *„Das Schöne entsteht nach und nach aus vielen Zahlen.“* Die zu beachtenden Verhältnisgrößen beim Bau eines (heiligen) Gebäudes sind laut Vitruvius: Anordnung (griechisch = Taxis), Verzeichnung (griechisch = Diathesis), Erythmie (Wohlklang), Symmetrie (Ebenmaß), Angemessenheit und Verwendung (griechisch = Oikonomia).

Weish 11,20

Zitiert nach Umberto Eco, Seite 49.

Vitruvius: De architectura libri decem. Übersetzt von Franz Reber, Wiesbaden, Marix, 2004, Seite 23 ff.

Thorsten Droste schreibt in seinem Werk über Moissac: *„Nimmt man die einzelnen Bestandteile des Kreuzgangs unter die Lupe, so zeigt sich, dass dieses Grundmaß* [gemeint ist das in der Romanik verwendete Fußmaß] *in seiner Vervielfältigung oder in seiner Brechung das gesamte Bauwerk bis in die letzten Details bestimmt.* [...] *Die Analyse* [der Maße] *verdeutlicht, dass in diesem Bauwerk nichts dem Zufall überlassen wurde, sondern vielmehr alles nach präzisen Proportionsgesetzen kalkuliert und gestaltet wurde.*"

Thorsten Droste, Seite 51.

Einige Beispiele zu dieser Analyse: der Abstand zwischen den Säulen entspricht vier Fuß, die Säulenhöhe inklusive Sockel beträgt vier Fuß, die Höhe des Kapitellkorbes einen Fuß, die Länge der Kämpferplatten zwei Fuß, die Höhe des Kämpfers einen halben Fuß, die Pfeiler haben einen quadratischen Grundriss mit einer Seitenlänge von zwei Fuß, die Höhe der Arkaden beträgt acht Fuß (erst im 13. Jahrhundert erbaut).

Wie können Zahlen als Symbole fungieren? Ist es nicht so, dass Menschen eine Beziehung zu einer Zahl erfunden haben, die dann mit einer Bedeutung beladen und tradiert wurde?

Das ist durchaus möglich. Manche Zahlen sind aber doch „von Natur" aus schon Symbole für Ereignisse und natürliche Gegebenheiten. Dazu nenne ich ein paar Beispiele:

Die Zwei steht für Gegensätze und Polarität: Gott und Mensch; Männliches und Weibliches; Tag und Nacht; Sonne und Mond; Himmel und Hölle; Leben und Tod; Gut und Böse; Oben und Unten; Links und Rechts; Vorne und Hinten.

Die Drei für Vollkommenheit, Dreieinigkeit, die Trinität: die Dreidimensionalität des Raumes; Himmel, Hölle und Fegefeuer (Dante); Geburt, Sein und Tod; Körper, Geist und Seele; Vergangenheit,

Gegenwart und Zukunft; Vater, Mutter und Kind; die heilige Familie.
Die Vier für diese, unsere Welt: die Jahreszeiten; die vier Winde; die Himmelsrichtungen; die Elemente (Feuer, Wasser, Erde, Luft); die vier Enden der Welt; die Paradiesflüsse (Geon, Phison, Euphrat und Tigris); die vier Tonarten (die erst im Mittelalter auf acht erweitert wurden); das Viergetier (Tetramorph); die großen Propheten (Jesaja, Jeremia, Ezechiel und Daniel), die Evangelisten und die vier großen Kirchenlehrer, die das Heil Gottes auf der Erde verkündet haben.
Die Fünf für den Menschen und seinen freien Willen: Finger; Zehen; fünf Sinne; vier Gliedmaßen und der Kopf; die Fünfzahl im Pflanzen- und Tierreich.
Die Sechs für das Sechstagewerk Gottes: den sechsseitigen Würfel; die Schneekristalle; die Honigwaben; die Schwerelosigkeit der Insekten (sie haben sechs Beine).
Die Sieben als heilige Zahl von alters her und als Zeichen für die umfassende Einheit aus Gott (Drei) und der Welt (Vier). Sie kommt im Bauplan der irdischen Natur nicht vor, muss daher himmlisch (überirdisch) sein: die sieben Tage der Woche; die sieben Planeten (im Mittelalter waren nur Sonne, Mond, Merkur, Venus, Mars, Jupiter und Saturn als Planeten bekannt); die sieben Farben des Spektrums; die sieben Kristallsysteme; die sieben Töne in den musikalischen Skalen.
Die Acht als die Zahl der Erfüllung: sie steht für erstarrte Materie, Tod, Erlösung, Wunsch- und Spannungslosigkeit, Absolutheit. Die Oktav in der Musik kennt keine Spannung. Der hohe Ton „löst“ sich im tiefen auf.

Die Neun als die Zahl, die das Geheimnis der Trinität zum Ausdruck bringt, weil sie das Quadrat der Drei ist ($3^2 = 9$). Sie gilt also auch als besonders heilige Zahl.
Für den mittelalterlichen Menschen war aber die wichtigste Fundgrube für Zahlensymbolik die Heilige Schrift. Alle Zahlen, die in ihr vorkommen, mussten eine Bedeutung haben, sonst stünden sie nicht in einem von Gott inspirierten Buch. Daher erforschten die Kirchenlehrer, allen voran der heilige Augustinus (354–430), die Zahlen in der Bibel und versuchten sie zu erklären.

Können wir davon ausgehen, dass hier beim Bau des Kreuzgangs mit Zahlensymbolen gearbeitet wurde?

Der cluniazensische Abt Durandus, der 1048 Abt von Moissac wurde und hier als Bauherr und großer Reformator auftrat, beschäftigte sich nachweislich mit der Zahlensymbolik. So schreibt er zum Beispiel, dass die zwölf Monate mit ihren „Arbeitsbildern" sich nicht nur auf die Menschen beziehen, sondern auch auf Christus, den Herrn der Zeit. Am Mittelpfeiler der Ostgalerie ist Durandus wie ein Heiliger abgebildet. Er ist der erste Mönch, der uns auf dem Weg durch den Kreuzgang (entgegen dem Uhrzeigersinn) begegnet. Sein Abbild befindet sich gegenüber dem Eingang in den Kapitelsaal. Die Mönche hatten ihn vor Augen, wenn sie sich zu ihren wichtigsten Zusammenkünften, Beschlussfassungen und dem Anhören eines Kapitels der Regel des heiligen Benedikt in den Kapitelsaal begaben.

Henri Focillon: Art d´Occident. Paris, 1947, Seite 6, zitiert nach Umberto Eco, Seite 107.

„Die Ordnung der Symmetrien und Korrespondenzen, die Gesetzlichkeit der Zahlen, eine Art Musik der Symbole strukturieren insgeheim diese immense Enzyklopädie aus Stein“, schreibt Henri Focillon. Die Gesetzmäßigkeiten und Funktionen der Abmessungen des Kreuzgangs werden aus der rein konstruktiv-ästhetischen in die göttliche Sphäre gehoben.
Wenn wir uns daran machen, Zahlensymbole im Kreuzgang aufzuspüren und sie zu entschlüsseln versuchen, müssen wir immer auch den Echinus beachten, denn hier ließen sich Zahlen am besten und unauffälligsten anbringen.

Die richtige Methode, uns in die Denkweise des mittelalterlichen Menschen zu versenken, wäre wohl die, zunächst den Gesamtplan des Kreuzgangs zu studieren und sich erst dann auf Details einzulassen. Ich erinnere mich noch an die beiden Zahlen der Abmessung des Kreuzgangrechtecks: 124 Fuß lang und 117 Fuß breit.

Apg 1,15

Die Zahlen sind von hohem Sinn. Für die Zahl 124 addiert Augustinus die 120 Jünger, die bei der Aussendung des Heiligen Geistes anwesend waren, und die vier Evangelisten. Der Heilige Geist und die Evangelien sind die Voraussetzungen dafür, dass das Heil für die Menschen erkennbar ist.
Die Zahl 117 wiederum bedeutet den Weg durch die irdische Fremde zur ewigen Heimat: *„70 Jahre dauerte die babylonische Gefangenschaft, Bild der Pilgerschaft aller Menschen durch die Welt, 40 Jahre*

die Wanderschaft der Israeliten aus Ägypten in das verheißene Land, Zeichen der Rückkehr in die himmlische Heimat. Die Sieben schließlich bedeutet wegen des Ruhetages Gottes nach dem Schöpfungswerk die zukünftige Ruhe."

Heinz Meyer und Rudolf Suntrup: Lexikon der mittelalterlichen Zahlenbedeutungen. München, Wilhelm Fink, 1987 (forthin als „Meyer/Suntrup" zitiert), Spalte 803.

Das ist grandios. Damit ist die architektonische Konzeption völlig ins Spirituelle gehoben.

Die nächste Zahl, die wir untersuchen, ist die Anzahl der Arkaden beziehungsweise der Kapitelle, nämlich 76. Der Kreuzgang hat 76 Arkaden (je 20 im Westen und Osten und je 18 im Süden und Norden) und 76 Kapitelle über Einzel- und Doppelsäulen.
Die Zahl 76 ist das Produkt aus 4 x 19. Vier ist die Symbolzahl für unsere Welt und 19 die für das Funktionieren der Welt. Die 19 diente seit der Antike zur Berechnung der Goldenen Zahl. Mittels der Goldenen Zahl können Mond- und Sonnenjahre miteinander in Deckung gebracht werden, was zur Feststellung des Ostertermins von großer Bedeutung ist.
Möchte ich die Goldene Zahl eines Jahres berechnen, so addiere ich 1 zu der betreffenden Jahreszahl und dividiere die Summe durch 19. Der Rest der Division ist die Goldene Zahl, bei 0 Rest ist sie 19. 19 Sonnenjahre entsprechen 228 Sonnenmonaten oder 235 Mondmonaten. In diesem Zyklus sind Wochentage, Daten und Mondphasen gleich. Nun können Mond- und Sonnenjahre in Deckung gebracht und die Ostertermine ausgerechnet werden.

Der Mensch des Mittelalters verfügte über dieses Wissen und sah daher die Zahl 19 als Symbolzahl für das Funktionieren der sichtbaren Schöpfung Gottes an. 76 ist also das Produkt aus der Symbolzahl für diese Welt und der Symbolzahl für ihr Funktionieren.

Wissen wir, dass die Mönche beim Bau des Kreuzgangs tatsächlich von diesen Überlegungen ausgingen?

Das wissen wir nicht. Daher müssen wir auch noch andere Erklärungen für zahlensymbolische Deutungen ins Auge fassen.
Sollte die Anzahl der Kapitelle hier in einem Benediktinerkreuzgang vielleicht ein Hinweis auf die Regel des heiligen Benedikt (um 480 – um 550) sein? Diese enthält 73 Mönchsregeln (73 x 5 = 365) und dazu im Vorwort drei allgemeine ethische Lebensregeln. Zählt man für sie drei Kapitelle dazu, ergibt das 76. Die drei Lebensregeln lauten: *„Willst Du das wahre und ewige Leben besitzen, bewahre deine Zunge vorm Bösen, sollen deine Lippen nicht Trug reden; weiche vom Bösen, tue Gutes; suche den Frieden und jage ihm nach“*.

Beuroner Kongregation: Die Regel des Heiligen Benedikt. Abtei Gerleve, 1965, Vorwort 17, Seite 12.

Aber die „Regel des Heiligen Benedikt“ ist ein Gesetzeswerk. So etwas kann doch nicht Programm für einen Kreuzgang sein.

Das ist sicher richtig. Es wird die Zahl 76 in diesem Fall auch nichts anderes bedeuten, als ein Erinnerungselement an das Regelwerk. Gerade deshalb ist es erstaunlich, dass auf dem Kapitell 23 mit den

Kapitell 23, Abbildung 9, Seite 69

„Szenen aus dem Leben des heiligen Benedikt" eine Begebenheit geschildert wird, in der er einem Novizen durch Rutenschläge den Teufel austreibt. Ausgerechnet in der Regel 23 heißt es: *„Wenn ein Bruder widerspenstig oder ungehorsam oder stolz ist oder murrt oder überhaupt in einem Punkt gegen die Heilige Regel und die Gebote seiner Älteren widersetzlich ist und sich damit als Verächter erweist, so soll er nach dem Gebot unseres Herrn* [...] *ermahnt werden.* [...] *Bleibt er aber verstockt, so werde er körperlicher Züchtigung unterzogen."* Genau das wird auf dem besagten Kapitell 23 geschildert, denn am Abakus sind die Worte zu lesen, die das Geschehen auf dem Kapitellkorb erklären: *„Benedikt, ein Mann Gottes, mit einer Rute – schlug er den Mönch – und heilte ihn so – äußerte sich Gott durch ihn."*

Beuroner Kongregation: Die Regel des Heiligen Benedikt. Abtei Gerleve, 1965, Regel 23,1-2.5, Seite 85.

Übersetzung nach Thorsten Droste, Seite 106.

Wenn ich die Inschrift genauer ansehe, fällt mir auf, dass das „P" von „P[er]*CVSSIT MONAChV*[m]*" und das „P" von „P*[er] *ILLVM" unten kleine Querbalken erhalten haben. Was wollte der Bildhauer damit zum Ausdruck bringen?*

Wie wir später sehen werden, wird das „P" durch den Querbalken zu einem Christusmonogramm. Dadurch soll die Nähe Gottes im Tun des Heiligen angezeigt werden, was durch den Text erklärt wird: „So äußerte sich Gott durch ihn."

siehe Seite 97

Ein besonders interessanter Aspekt der Zahlensymbolik und -mystik ist die Psephos-Spekulation (hebräisch=Gematria, griechisch=Isopsephie). In Kulturen, in denen Buchstaben zugleich auch Ziffern

Abbildung 9: Kapitell 23, Westseite
Dieses Kapitell ist ähnlich dem Kapitell 1 gestaltet. Der heilige Benedikt züchtigt einen unkonzentrierten Novizen: Der Novize steht auf der linken Seite, Benedikt hält in der Rechten eine Peitsche, mit der er auf den jungen Mönch einschlägt. Darüber am Echinus sind Blattranken zu sehen, die auf zwei Seiten je elf (5 + 6) Blätter zählen. Am Abakus steht der Text, der die Begebenheit erklärt: „P(er)CVSSIT MONAChV".

waren (zum Beispiel im Hebräischen oder Griechischen), gibt es die Möglichkeit, einen Buchstaben als Zahl zu lesen und umgekehrt (etwa A = 1, B = 2, C = 3, K = 10). Es ist so möglich, den numerischen Wert eines Wortes zu errechnen und ihn zahlensymbolisch zu deuten. Wenn der Zahlenwert der Buchstaben summiert wird, ergibt die erhaltene Summe das Zahlensymbol für den Wortsinn. Der Zahlenwert, den ein Wort repräsentiert, kann mit anderen Worten gleichen Wertes in Verbindung gebracht oder der Begriff als Zahl verschlüsselt werden.

Können wir annehmen, dass der Bauherr an so etwas gedacht hat? Ist das in diesem Fall hier anwendbar?

Sogar besonders eindrucksvoll: Die beiden Namen Simon und Paulus (wie er in der Romanik aus diesem Grund manchmal zu lesen ist), griechisch geschrieben, ergeben jeweils den Zahlenwert 76.

Simon (Petrus)	Σ	I	M	Ω	N	
	18 + 9 + 12 + 24 + 13 = 76					
Paulus	Π	A	O	Λ	O	Σ
	16 + 1 + 15 + 11 + 15 + 18 = 76					

Die richtige Schreibweise des Namens Paulus im klassischen Griechisch ist aber Π A Y Λ O Σ, was den Zahlenwert 81 ergibt. Das bedenkend, stellt sich die Frage, ob es Zufall ist, dass im Kreuzgang auf dem 54. Kapitell geheimnisvollerweise auf den Apostel Paulus hingewiesen wird? Dieses Kapitell, das, wie wir später sehen werden, den 81. Ton repräsentiert, erzählt die Geschichte von Kain und Abel.

Die Zahl 81 weist auf Paulus hin, ergibt sein Name doch in der Isopsephie den Zahlenwert 81, was außerdem gleichwertig mit dem Wort Messias ist:

P a u l u s	M e s s i a s
Π Α Υ Λ Ο Σ	Μ Ε Σ Σ Ι Α Σ
16+1+ 20+11+15+18 = 81	12 + 5+ 18+18+9+1+18 = 81

Das kann als Hinweis auf die Stelle im Hebräerbrief gelesen werden, in der Paulus (damals war die vorherrschende Meinung, dass der Hebräerbrief von Paulus verfasst wurde) den Glauben der Urväter anspricht: *„Im Glauben brachte Abel Gott ein besseres Opfer dar als Kain; durch ihn erhielt er das Zeugnis, dass er gerecht war, da Gott es bei seinen Opfergaben bezeugte, und durch ihn redet er nach seinem*
Hebr 11,4 *Tode noch.“*

Da es sich dabei auch noch um eine raffinierte Hervorhebung der Zahl Neun (6 x 9 = 54 und 9 x 9 = 81) handelt, kann das doch kein Zufall sein. Gibt es noch mehr von diesen erstaunlichen Entsprechungen?

Der Kreuzgang hat 100 frei stehende Säulen (je 26 im Westen und Osten und je 24 im Süden und Norden). Die Zahl 100 steht in der Bibel für besondere Vollkommenheit, für Erfüllung, Belohnung und Vollendung und ist zudem ein ständiges Grundmaß für den Tempel und für das himmlische Jerusalem. Immer wieder tauchen die Ausdrücke „100-fältige Frucht“, „100-facher Lohn“ und Ähnliches in der Heiligen Schrift auf. Ein anderes Beispiel stellt der Benedik-

tinerkreuzgang von Monreale dar. Er hat 100 frei stehende Säulen, je 25 in jedem Kreuzgangarm. Ist es ein weiterer Zufall, dass auf dem 66. Kapitell mit dem 100. Ton das himmlische Jerusalem dargestellt ist? Dieses Kapitell ist sicher als Gegenstück zu Kapitell 60 („weltliche Stadtmauer mit Türmen") zu sehen. Dort sind sechs (irdische Zahl) und auf Kapitell 66 sieben (heilige Zahl) Personen abgebildet.
Hundert ist auch in Zusammensetzungen größerer Zahlen als Symbol bedeutsam. Zwei Beispiele aus dem Kreuzgang: Für Kapitell 74 steht der 112. Ton des Chorals: 112 = 100 + 12. Hundert steht hier für Vollkommenheit, Erlösung und Rettung und zwölf für die Apostel, deren „Fürst" Petrus ist und dessen Rettung durch Christus auf dem 74. Kapitell zum Ausdruck kommt.
Der Kreuzgang hat 116 Säulen und der von mir entdeckte Choral, der durch die Säulen repräsentiert wird, hat 116 Töne. Diese große heilige Zahl symbolisiert die Vollkommenheit (hundert), die Zahl des Gesetzes (zehn) und die Zahl des Sechstagewerks und der sechs Werke der Barmherzigkeit (sechs): 100 + 10 + 6 = 116.

Meyer/Suntrup, Spalte 803.

Auffällig ist auch die Verwendung der Zahl 28 in den Bauten von St-Pierre. Die Salle haute, das Obergeschoss des Clocher porche (Kirchturm) von Moissac, eine der bedeutendsten Raumschöpfungen der Romanik, hat einen quadratischen Grundriss mit einer Seitenlänge von 28 Fuß. Weiters befinden sich zum Beispiel 28 Halbkreise auf Kapitell 73 („Verklärung Christi") und 28 Blumen auf Kapitell 54 („Kain und Abel"). Nord- und Südgalerie des Kreuzgangs haben je 28 Säulen.

Kapitell 54, Abbildung 33, Seite 176

Die Zahl 28 kommt als besonders wichtige Zahl in der frühchristlichen und romanischen Kunst immer wieder vor. Sie symbolisiert die Vermählung der Welt und ihre Erlösung durch das Wort der vier Evangelisten (4) mit dem Heiligen (7) und ist darüber hinaus die magische Zahl der heiligen Zahl Sieben (1 + 2 + 3 + 4 + 5 + 6 + 7 = 28) und ein Numerus perfectus, da sie die Summe ihrer eigenen Divisoren ist: 1 + 2 + 4 + 7 + 14 = 28. Das hat sie für den romanischen Menschen besonders interessant gemacht und regte ihn zu vielen zahlensymbolischen Spekulationen an.

Kapitell 28, Abbildungen 10 und 11, Seiten 74 und 75

Auf Kapitell 28 ist der „wunderbare Fischzug" dargestellt; es erklärt vielleicht den gesamten Kreuzgang. Am Abakus befinden sich 70 Margeriten. Außer der Erklärung, die wir weiter unten bei der Zahl 70 besprechen, kommen noch die Erkenntnisse des heiligen Augustinus zum Tragen, der sagt, 70 sei 10 (Dekalog, Gesetz) x 7 (Gnade). So kommt er auf die beiden Zahlen Zehn und Sieben, die als Summe 17 ergeben. Die magische Zahl von 17 beträgt 153. Und das ist die Zahl der beim wundersamen Fischfang gefangenen Fische: *„Simon Petrus stieg in das Boot und zog das Netz,* [das] *mit 153 großen Fischen gefüllt war, ans Land; obwohl es so viele waren, zerriss das Netz nicht.*"

Meyer/Suntrup, Spalte 756.

Joh 21,11

153 steht in der Romanik für die Anzahl der Fischarten auf dieser Welt und damit – über Petrus, den „Menschenfischer" – für die gesamte erlöste Menschheit. Johannes, dem die Methode der Isopsephie bekannt war und dessen in seinem Evangelium genannte Zahlen

Abbildung 10: Kapitell 28, Hofseite
Der Kapitellkorb erzählt die Geschichte vom „wunderbaren Fischfang". Jesus steht segnend am Ufer, in der Linken ein aufgeschlagenes Buch (das Neue Testament) haltend. Der Kreuznimbus ist noch gut erhalten, der Kopf Jesu ist jedoch abgeschlagen. Unter seinem Buch sind die Fische des reichen Fanges, das Netz und die Wellen des Meeres, rechts davon das Boot (siehe Abbildung 11, Seite 75) zu erkennen. Auf dem Echinus erscheinen Basilisken, Symbole für die Finsternis, die Nacht und den Winter sowie für das Böse ganz allgemein. Auf dem Abakus sind Margeriten dargestellt: auf der Hof- und Ostseite 16 + 19 und auf zwei weiteren Seiten befinden sich nochmals 16 + 19 dieser Blütenköpfe, sodass in Summe 70 Margeriten zu sehen sind.

Abbildung 11: Kapitell 28, Ostseite
Auf der Ostseite des Kapitells ist ein Boot mit zwei Jüngern dargestellt. Diese Szene nimmt auf Matthäus (Mt 4,18-20) und Markus (Mk 1,16-18) Bezug. Jesus macht darin die Jünger zu Menschenfischern. Sie kommt in allen vier Evangelien (Lk 5,1-11/Joh 21,6-11/Mt 4,19/Mk 1,17), jeweils etwas anders formuliert, vor. Im Wasser ist ein Boot zu sehen; vom linken Jünger wird dazu das Netz herausgezogen. Dieser hält die freie Rechte im Sprechgestus, während der rechte Jünger ein Ruder hält. Vier Fische sind unter der Mittelkonsole zu sehen. Links und rechts vom Boot wird durch zwei Bäume das Ufer angedeutet. Ganz rechts, schon auf der Gangseite, ist ein zuhörender Jünger mit überkreuzten Beinen (als Zeuge) dargestellt, der mit seiner Rechten zum Himmel weist. Überkreuzte Beine sind in der Romanik ein Zeichen für Macht (manchmal auch nur ein Zitat des Kreuzzeichens); hier bedeutet es vermutlich, dass er die Macht hat, wahrhaftiger Zeuge zu sein. Am Echinus wieder die Basilisken (der Hahnenkamm ist gut erkennbar) und am Abakus 19 Margeriten.

sicher so zu deuten sind, hat möglicherweise an folgende Spekulation gedacht:

S I M O N + I CH TH Y S

Σ I M Ω N + I X Θ Y Σ

18 + 9 + 12 + 24 + 13 + 9 + 22 + 8 + 20 +18 = 76 + 77 = 153

Der Fisch (ΙΧΘΥΣ = ICHTHYS) ist eines der frühesten Kryptogramme für Christus, da die fünf Buchstaben des griechischen Wortes für „Fisch" folgende Worte abkürzen:

Iesos CHristos THeou HYos Soter

= Jesus Christus, Gottes Sohn, Erlöser.

Auf dem Korb des Kapitells ist das Boot mit dem Fischernetz und zwei Aposteln abgebildet. Es werden verständlicherweise nicht 153 Fische, sondern nur vier gezeigt. Außer den vielen Symbolen, die darin enthalten sind, ergibt 4, mit den 19 auf dieser Seite darüber abgebildeten Margeriten multipliziert, wieder 76 (die Anzahl der Arkaden und Kapitelle im Kreuzgang).

West- und Ostgalerie haben jedoch 30 Säulen. Die Zahl 30 weist auf die Bibelstelle im Buch Ezechiel hin: *„Dann brachte er mich in den Vorhof. Rings um den Vorhof lagen Räume, und davor war ringsum ein Steinpflaster angelegt; dreißig Räume grenzten an das Pflaster."* Ez 40,17

In der Bibel kommt die Zahl 30 noch mehrfach vor, wobei für die Mönche sicher die Deutung, dass Jesus 30 Jahre „verborgen unter uns" lebte, als Vorbild besonders bedeutsam war.

Die Ezechiel-Bibelstelle klingt wie die Anleitung zum Bau eines Vorhofs. Darunter kann ich mir auch einen Kreuzgang vorstellen, für mich eine Art Vorhof. Gibt es denn noch mehr Bauten, die die Zahl 30 dieser Bibelstelle entsprechend verwendet haben?

Es gibt eine Reihe von Kreuzgängen, die so angelegt sind, dass tatsächlich diese Bibelstelle als Baugrundlage gedient haben könnte. Zum Beispiel haben die beiden Zisterzienserabteien Heiligenkreuz und Lilienfeld (Niederösterreich) und jene in Neuberg an der Mürz (Steiermark) in ihren Kreuzgängen je 30 Joche. Hier trifft es zu, dass „*ringsum ein Steinpflaster* [Kreuzgang] *angelegt* [ist und] *dreißig Räume* [Joche] *an das Pflaster grenzen*“.

Das würde bedeuten, dass die Zahlen in der Heiligen Schrift direkt als Bauanleitungen verstanden wurden, oder vielmehr dass die Menschen der Romanik die Zahlen der Bibel als Bedeutungsträger für ihre Bauten ansahen.

Nicht nur das. Wie handhabte der Mensch des Mittelalters die Zahlensymbolik? Wenn er eine heilige Zahl, wie zum Beispiel die Zahl 30, überschritt, also auf 31 kam, ließ er das Heilige hinter sich und kam in das Reich des „Bösen“. Die Zahlen, die unmittelbar auf eine besonders heilige Zahl folgen, werden zu „bösen“ Zahlen. Ob es hier zutrifft ist fraglich, aber man sollte es sich doch ins Gedächtnis rufen, wenn man über Kapitell 31 nachdenkt. Denn besonders

Schriftzug „H L L A H L L A" auf dem Abakus des Kapitells 31

überraschend und interessant ist dieses Kapitell mit seinen wunderbaren „arabisierenden" Pflanzenornamenten auf dem Korb und den kufischen Buchstaben auf dem Abakus schon. Die Inschrift (in lateinische Buchstaben übertragen) lautet: *„Süden: HLLAHL; Osten: HLLAHLLA; Westen: HLLAALLH; Norden: LLAALLH."* Es handelt sich um die viermalige Anrufung Allahs anagrammatisch variiert.

Thorsten Droste, Seite 110 und Anmerkung 345, wo Katherine Watson als Übersetzerin vom Kufischen ins Lateinische genannt wird.

Wie soll die viermalige Anrufung Allahs mitten in einem christlichen Bauwerk zu verstehen sein und was hat das mit der Zahlensymbolik für die Zahl 31 zu tun?

Deine erste Frage ist schwer zu beantworten. Handelt es sich um ein Zeichen von Toleranz und Weitblick im Sinne der Erkenntnis, dass es für alle Menschen nur einen Gott gibt, der mit verschiedenen Namen gepriesen wird? Oder handelt es sich um ein Zeichen der Überheblichkeit gegenüber dem Islam, was einer für die damalige Zeit der Reconquista durchaus verständlichen politischen Aussage gleich käme? Oder haben hier mozarabische Bildhauer gearbeitet, die den Namen Gottes als Ornament eingearbeitet haben, ohne dass die Mönche es durchschaut haben?

Was wird unter den Begriffen „Reconquista“ und „mozarabisch“ verstanden?

Die Reconquista ist die Rückeroberung (ab dem Jahr 711) der von den Mauren besetzten spanischen Gebiete durch christliche Heere. Sie ging im 8. Jahrhundert von Asturien (Pelayo) aus und hatte ihre größten Erfolge in der Zeit, in der das Kloster in Moissac seinen bedeutendsten Aufschwung erlebte, also um 1100.
Mozaraber werden Christen genannt, die unter islamischer Herrschaft in Spanien lebten. Es waren entweder spanische Christen oder konvertierte Mauren, die sich in ihrer Lebensweise der arabischen Umwelt anpassten und hohe Toleranz genossen. Sie entwickelten einen eigenen künstlerischen Stil, den mozarabischen, der maurische und romanische Formen miteinander verband.

Du sagst, dass mozarabische oder arabische Bildhauer hier geheimnisvolle Zeichen eingearbeitet haben könnten. Haben Künstler zu allen Zeiten Zeichen in ihr Werk eingefügt, ohne dass der Bauherr dies beauftragt hatte, noch es durchschaute?

Kapitell 31, Abbildung 12, Seite 81

Das ist anzunehmen. Lass mich aber auf den zweiten Teil deiner Frage eingehen. Im Zusammenhang mit dem 31. Kapitell ist besonders die Tatsache interessant, dass im Koran in der 31. Sure der Name Gottes, „*Allah*“, genau 31 Mal zitiert wird, wenn die Anrufungsformel „*Im Namen Allahs, des Allbarmherzigen*“, die jede Sure (außer der neunten) eröffnet, nicht mitgezählt wird: *„Sprich: ‚Lob und Preis sei Allah!' Die meisten Menschen begreifen das nicht.“* Diese Sure wendet sich besonders gegen den Trinitätsglauben der Christen: *„Geselle Allah kein Wesen zu; denn Götzendienst ist ein großes Verbrechen.“* „[...] *Wenn sie dich zwingen wollen, mir solche Wesen zuzugesellen, wovon du keine Kenntnis hast, so gehorche ihnen nicht.“* Die Annahme der Mitarbeit mozarabischer oder arabischer Bildhauer im Kreuzgang von Moissac ist daher nicht nur aus stilistischen Gründen plausibel. Dass die Bildhauer (oder der Auftraggeber) zur Auseinandersetzung mit islamischem Gedankengut ausgerechnet das 31. Kapitell gewählt haben, ist ein Beweis für diese Annahme. Der Gedanke musste christlich gedeutet werden, handelt es sich doch bei der Zahl 31 um eine Zahl, die Böses zum Ausdruck bringt (wegen der Überschreitung der heiligen Zahl 30). Vielleicht haben die Bildhauer deshalb ein besonders „arabisierendes“ Kapitell gestaltet.

Koran 31,26

Koran 31,14

Koran 31,16

Den Ausdruck „arabisierendes“ Kapitell höre ich von dir nun schon zum zweiten Mal. Was soll ich mir darunter vorstellen?

Ich verwende den Ausdruck in Anlehnung an Thorsten Droste. In diesem Kreuzgang – und nur in diesem – kommt eine Reihe von Kapitellen vor, die durch die Art ihrer pflanzlichen Verzierung einen arabischen Eindruck vermitteln. Die Kapitelle sind besonders künstlerisch und raffiniert mit arabischen Motiven (Arabesken und Kalligrafie) gestaltet. Daher nenne ich sie arabisierende Kapitelle.

Beispiel: Kapitell 31, Abbildung 12, Seite 81

Abbildung 12: Kapitell 31, Ostseite
Das arabisierende Kapitell mit der kufischen Inschrift am Abakus (in lateinische Buchstaben übertragen): „HLLAHLLA".

Auffallend ist, dass sie (außer bei Kapitell 36), wie wir später sehen werden, am Anfang des Programms und bei den Kadenzschlüssen des Chorals liegen. In diesem Zusammenhang muss auf die vier arabisierenden Kapitelle 2, 31, 36 und 49 hingewiesen werden. Vielleicht sollen sie auf die besonders wichtigen Suren 2, 31, 36 („Herz des Korans“) und 49 aufmerksam machen.

Die Parallelen zum Koran sind erstaunlich und sprechen dafür, dass sehr wohl Bildhauer aus Spanien, die intensiv mit dem Islam in Berührung gekommen waren, hier gearbeitet haben. So wird, um noch ein Beispiel anzugeben, die „Verkündigung an Maria“ auf Kapitell 19 dargestellt und im Koran in der 19. Sure „Maryam“, die Verkündigung, genau behandelt.

Lk 1,26-38

Kapitell 19, Abbildung 15, Seite 89

Ein anderes interessantes Beispiel ist auf dem Löwenkapitell 53 zu sehen. Acht große Löwen stützen sich mit den Hinterbeinen auf die Schultern menschlicher Figuren und mit den vorderen Tatzen auf deren Köpfe. Der südseitig dargestellte Mann macht mit seiner turbanartigen Kopfbedeckung und seinem Bart einen orientalischen Eindruck. Aufschlussreich ist die Haltung seiner Hände. Er bildet mit ihnen ein Dreieck, das nach unten weist, was einer Gebetshaltung in Richtung zur Erde gleich kommt. Das könnte bedeuten, dass er mit dem Teufel im Bunde steht.

Kapitell 53, Abbildung 13, Seite 84

Darstellungen der Anrufung Allahs im christlich-sakralen Gebäudeschmuck kommen in Grenzgebieten zu von Sarazenen bewohnten Gegenden (Spanien, Sizilien, Süditalien) immer wieder vor. So zum Beispiel die Cattolica von Stilo in Kalabrien.

Doch kehren wir vom Koran wieder zur Bibel zurück. Am Abakus von Kapitell 28 „der wunderbare Fischfang und die Berufung der Apostel Petrus, Andreas, Jakobus und Johannes" sind 16 + 19 + 16 + 19 = 70 Margeriten kunstvoll angebracht. Hier wiederholt sich das Zahlenspiel, das oben durch die Zahl der Arkaden und der Kapitelle (76 = 4 x 19) angedeutet wurde. Es ist aber insofern verändert, als die Vier zum Quadrat (Vollkommenheit) erhoben worden ist, und die Summe der Blüten 70 ergibt. Die 70 Söhne Gideons (Gideon präfiguriert Christus) bezeichnen die 70 Sprachen und Völker der Welt, die durch den Glauben Kinder Gottes geworden sind. Christen erhalten ihren Glauben dadurch, dass Jesus Petrus zum Menschenfischer machte und die Apostel berief. Christus selbst sandte 70 Jünger aus, um zu missionieren, wie es in alten Bibelübersetzungen zitiert wird.

Mt 4,18-20 und Joh 21,8-11

siehe Seite 56

Ri 8,30

Lk 10,1

Wie oben schon angedeutet, ist es bemerkenswert, dass im gesamten Kreuzgang der Abakus nur viermal besonders verziert ist: auf Kapitell 28, der „wunderbare Fischfang", Kapitell 32 mit den vier Evangelisten, Kapitell 44 mit „diabolischen Wesen", und auf Kapitell 68 wieder die vier Evangelisten. Das ergibt ein plausibles Zahlenspiel: 28 = 4 x 7; 32 = 4 x 8; 44 = 4 x 11 und 68 = 4 x 17. Sieben, acht, elf und siebzehn sind wichtige Symbolzahlen, die, außer elf, immer Heiliges zum Ausdruck bringen. Elf ist die Zahl der Sünde, wegen der Überschreitung der Zehn, die das Gesetz symbolisiert. Das macht auf Kapitell 44 durchaus Sinn, sind doch dort nur Fratzen des Bösen dargestellt. Nicht klar ist, warum ausgerechnet dieses Kapitell mit seiner „bösen" Symbolik zu den „geschmückten" gehören soll.

Abbildung 13: Kapitell 53, Südseite
Löwen stützen sich auf menschliche Figuren. Der Mann, der hier abgebildet ist und von den Löwen niedergedrückt wird (zu beachten sind auch die Hinterbeine der Löwen, die auf die Schultern des Mannes drücken), macht mit Bart und Haartracht einen orientalischen Eindruck. Er faltet die Hände zum Gebet. Die gefalteten Hände als Gebetsgebärde sind seit dem 11. Jahrhundert nachweisbar, sie sind eine Bitt- und Unterwerfungsgeste, wobei die Fingerspitzen nach oben weisen. Der Mann hier betet aber in die falsche Richtung, zur Erde, zum Teufel. Die Löwen beißen an den Ecken in kleine Baumwipfel. Am Echinus sind eigenartige Zeichen in offene Spiralen eingesetzt. Diese können als Symbole für das Tierkreiszeichen Waage (♎) gedeutet werden.

Eigenartig ist auch der Zusammenhang zwischen der Stellung einer Reihe von Kapitellen im Kreuzgang und der Zahlensymbolik, die der Nummerierung des Kapitells im Ablauf (meiner Zählung) entspricht. Es sieht fast so aus, als wäre das kein Zufall.

Soll das heißen, dass zum Beispiel das fünfte Kapitell symbolisch für die Zahl Fünf stünde und das sechste Kapitell für die Zahl Sechs?

Kapitell 1, Abbildung 38, Seite 192

Die ersten drei Kapitelle stehen für den Anfang, den Beginn und sind gleichzeitig ein Symbol für die Trinität. Das erste Kapitell zeigt das Patrozinium an, also wem das Kloster geweiht ist, nämlich den beiden Apostelfürsten Petrus und Paulus. Es steht als Titel am Beginn des Kreuzgangprogramms. Dann folgen zwei Kapitelle die auf den Anfang hinweisen: Kapitell 2 mit dem Thema „Im Anfang war das Wort" und Kapitell 3 „das erste Menschenpaar Adam und Eva". Wenn wir weiterschauen, kommen wir zu Kapitell 5. Das Kapitell mit der Schilderung des „Martyriums des heiligen Laurentius" weist auf die Zahl Fünf als die Zahl des Menschen hin. Laurentius ist fünf Martern unterzogen worden, bevor ihn der Tod ereilte: Schlagen mit Skorpionen, Schlagen mit Knüppeln, Schlagen mit Bleiklötzen, nochmals Schlagen mit Skorpionen und Braten auf eisernem Rost. Er brannte „in fünf Feuern".

Jacobus de Voragine: Die Legenda aurea des Jacobus de Voragine. Übersetzt von Richard Benz, Gerlingen, Schneider, 1993, Seiten 568 und 576.

„Die Fußwaschung" auf Kapitell 6 ist ein Werk der Barmherzigkeit, der symbolischen Selbsterniedrigung und der demütigen Unterwerfung, wie sie bei Matthäus gefordert wird: *„Denn ich war hungrig, und* *ihr habt mir zu essen gegeben; ich war durstig, und ihr habt mir zu trinken gegeben; ich war obdachlos, und ihr habt mich aufgenommen; ich war nackt und ihr habt mich bekleidet; ich war krank, und ihr habt mich besucht; ich war im Gefängnis, und ihr seid zu mir gekommen.* [...] *Amen, ich sage euch: Was ihr für einen dieser Geringsten getan habt, das habt ihr mir getan.*" Mt 25,35-36.40

Und das sind die sieben Werke der Barmherzigkeit?

Nein, das sind nur sechs, denn im Evangelium nach Matthäus kommen nur diese sechs vor, weil er wahrscheinlich auf das Sechstagewerk Gottes Bezug nehmen wollte. Erst im 3. Jahrhundert wurde noch ein siebtes hinzugefügt, um die heilige Zahl Sieben zu erreichen: „Die Toten begraben".

Kapitell 7, Abbildung 14, Seite 87

Die Palme, wie wir sie auf Kapitell 7 sehen, steht für Sieg, Auferstehung und Paradies. Vor allem galt die Palme aber als Emblem für das himmlische Paradies, wie die heilige Zahl Sieben.
Möglicherweise gibt Kapitell 13 mit der „Anbetung der Könige" einen Hinweis auf die 13 Tage, die zwischen der Geburt Christi und der Erscheinung des Herrn nach einer nicht biblischen Überlieferung liegen sollen.
Ein weiteres interessantes Steinchen in diesem Puzzle stellen die folgenden vier Kapitelle dar. Sie befinden sich im Abstand von je 19 jeweils an einem der Eck-Pfeiler und zeigen die wichtigsten Stationen der christlichen Erlösung:

Abbildung 14: Kapitell 7, Hofseite
Das Kapitell mit seinen großen Palmblättern zeigt am Echinus spiralförmige Pflanzenranken, in denen sich Vögel mit ihren Köpfen nach hinten wenden, um an den Pflanzen zu picken.

Kapitell 19 am Nordost-Pfeiler zeigt mit „Verkündigung“ und „Heimsuchung“ den Anfang des Erlösungswerks. Auf Kapitell 38, genau gegenüber am Nordwest-Pfeiler, ist „Abraham opfert Isaak“ eine Präfiguration für den Opfertod Christi dargestellt. Kapitell 57 am Südwest-Pfeiler erzählt die Geschichte von „David und Goliath“, ein Symbol des Sieges Christi über das übermächtige Böse. Auf Kapitell 76 genau gegenüber am Südost-Pfeiler, dem „heiligsten“ Platz, ist mit „Simson bezwingt den Löwen“ eine weitere Präfiguration des Sieges Christi über den Satan zu sehen.

Kapitell 19, Abbildung 15, Seite 89

Kapitell 76, Abbildung 31, Seite 172

Sollen diese vier Kapitelle mit ihrem Hinweis auf die Zahl 19 sagen: „Nur so funktioniert die Welt“?

Du suchst schon akribischer nach Zahlenentsprechungen, als ich es je getan habe. Und du hast Recht, doch schauen wir weiter: Das Kapitell 23 mit der Regel 23 des heiligen Benedikt haben wir schon weiter oben untersucht.

siehe Seite 67f

Kapitell 25 zeigt eines der Wunder, die Petrus gewirkt haben soll, die „Heilung eines Gelähmten“. Nach der Legenda aurea von Jacobus de Voragine (1228–1298) hat Petrus 25 Jahre in Rom gelebt.

Apg 3,1-26

Jacobus de Voragine: Die Legenda aurea des Jacobus de Voragine. Übersetzt von Richard Benz, Gerlingen, Schneider, 1993, Seite 434.

Interessant ist das 39. Kapitell, „der Triumph des Kreuzes“, mit dem der zweite Teil der Kapitellfolge und des Chorals beginnt (da der Kreuzgang 76 Kapitelle hat, besitzt jeder Teil 38 Stück). Mit dem Triumph des Kreuzes fängt die christliche Erlösung an. Man könnte daher annehmen, dass die Zahl 39 eine wichtige „heilige Zahl“ ist.

Kapitell 39, Abbildung 16, Seite 93

Abbildung 15: Kapitell 19, Süd- und Gangseite
Auf dem Kapitell, das zum Nordostpfeiler gehört, sind links die Verkündigung und rechts die Heimsuchung zu sehen. Eine Arkade, die zu einem Turm gehört, trennt die beiden Szenen voneinander. Der Vorhang ist zurückgeschlagen, was Marias Offenheit gegenüber dem Wort des Engels symbolisiert. Maria sitzt links von der Arkade auf einem Polster. Der Sprechgestus zeigt, dass sie mit dem Engel spricht oder seine Worte hört. Rechts von der Arkade ist die Begegnung Marias mit Elisabeth, die Heimsuchungsszene, dargestellt. Ganz rechts, auf der Gangseite, steht ein Engel mit großem Segensgestus.

Ich will selbst versuchen, die Zahl zu deuten. 39 ist das Produkt aus den beiden heiligen Zahlen 3 und 13. Ich kann mich noch erinnern, dass du gesagt hast, die Zahl 13 wäre in der Romanik keine Unglückszahl gewesen, weil sie für die zwölf Apostel (und zwölf Stämme Israels) steht, zu denen Christus hinzukommt. Damit wäre die Zahl 39 eine große heilige Zahl, gebildet aus der Symbolzahl für die Trinität und der Symbolzahl für die 12 Apostel + Christus.

Das ist großartig. Mir fiel aber zudem noch auf, dass die Zahlen 39, und besonders 59, immer wieder als „heilige" Zahlen vorkommen. So haben die Kreuzgänge von Ripoll und Girona zum Beispiel jeweils 59 Kapitelle. Das machte mich stutzig und ich versuchte eine weitere Deutung, von der ich noch nirgendwo gehört hatte. Könnte man nicht sagen, dass die Zahl vor einer großen heiligen Zahl dahingehend zu erklären sei, dass nur mehr Einer hinzutreten müsste, um sie zur heiligen Zahl „aufzufüllen", und dieser Eine ist der Unsichtbare, der nicht Zählbare, der über uns befindliche Gott, der, wenn er zu der 39 oder 59 hinzutritt, die heiligen Zahlen 40 oder 60 durch seine Gegenwart „auffüllt"?

Hast du denn für diese eigenwillige Erklärung noch andere Beispiele, damit wir nicht von Zufall sprechen müssten?

Es gibt viele Beispiele aus der Zeit dafür. Zwei möchte ich dir nennen: In der Nikolauskirche zu Myra (Türkei) befinden sich im Boden-

mosaik aus dem 11. Jahrhundert sieben (!) konzentrische Kreise, bestehend aus je 59 Dreiecken. Und außer den beiden oben genannten Kreuzgängen Ripoll und Girona hat der berühmte Kreuzgang des ehemaligen Zisterzienserklosters Fontenay in Burgund 59 Arkaden.
Und schon sehr eigenartig ist der „Zufall", dass in unserem Kreuzgang das 39. Kapitell zum 59. Ton des Chorals gehört.
Doch zurück zum 39. Kapitell. Über dem Kapitellkorb mit dem „Triumph des Kreuzes" liegen Harpyien rücklings mit phrygischen Mützen auf dem Kopf. Durch die Rückenlage wird ihre Hilflosigkeit angezeigt.

Was sind Harpyien mit phrygischen Mützen?

Harpyien sind Wesen der griechischen Mythologie mit Mädchenkörpern und Vogelflügeln. Sie sind in der Symbolik der Zeit negativ besetzt, sind also fast immer böse Wesen. Eine phrygische Mütze ist eine kegelförmige Kopfbedeckung, deren Zipfel meist nach vorne hängt. Sie ist in der frühchristlichen Kunst und in der Romanik immer ein Zeichen für das Heidentum. In der Kirche Sant'Apollinare Nuovo in Ravenna zum Beispiel haben die „Heiligen Drei Könige" solche Mützen auf. Damit wird gezeigt, dass sie Heiden sind.
Die Harpyien auf dem Kapitell sind Zeichen für Sünde, Unwissenheit und Nacht. Da sie auf dem Rücken liegen, sind sie besiegt und machtlos. Die Symbolik wird noch dadurch verstärkt, dass sie aus terrestrischen Masken an den Ecken des Echinus herauskommen,

was ihre „sündhafte Erdgebundenheit" noch unterstreicht.
Im Zusammenhang mit dem 39. Kapitell ist noch Folgendes interessant: Im jüdischen Recht durfte ein zur Prügelstrafe Verurteilter mit höchstens 40 Schlägen gezüchtigt werden, deshalb wurden in der Praxis immer nur 39 Schläge verabreicht, um dieses Gesetz nicht zu übertreten. Paulus berichtet, dass er fünf (!) Mal 39 Schläge bekommen habe, womit er auf sein Leiden (gleichsam auf sein „Kreuz") für Christus hinweist.

Dtn 25,3

2 Kor 11,24

Und das sagt uns alles das 39. Kapitell, die Mitte des Kreuzgangs: Am 39. Kapitell ist Christus triumphierend am Kreuz dargestellt und füllt damit die heilige Zahl 40 auf. Paulus sagt uns, dass auch er sein Kreuz für seinen Glauben zu tragen hatte, wir sollen ihm einfach nachfolgen.

Nebenbei erwähnt sei die erstaunliche Tatsache, dass auch in dem Benediktinerkreuzgang von Monreale in Sizilien die Mitte des Kreuzgangs „den Triumph des Kreuzes" zeigt. Wir sehen dort auf den vier Seiten des Kapitells in der Mitte des Kreuzgangs (Nordwestecke) Konstantin und seine Mutter Helena mit dem „wahren Kreuz", sowie den Triumph der Ecclesia über die Synagoga. Es hat fast den Anschein, als gäbe es bei der Gestaltung von benediktinischen Kreuzgängen eine Tradition. Sowohl in Monreale, als auch in Moissac zeigt die Nordost-Ecke jeweils die Darstellung der Verkündigung und der Heimsuchung.

Abbildung 16: Kapitell 39, Gang- und Südseite
Das Kapitell zeigt links auf der Schmalseite einen Engel mit ausgebreiteten Armen und rechts davon, auf der Südseite, zwei, die ein mit Gemmen geschmücktes Parusiekreuz halten. Im Zentrum dieses Kreuzes ist das Christusmonogramm zu sehen, bestehend aus „X" (CHI) und „P" (RHO). Das Kreuz ist hinten von einem Tuch bedeckt, so als hätten die Engel es eben enthüllt, beziehungsweise offenbar gemacht (Parusie, vom griechischen Parusia=Ankunft). Es steht auf einem eigenartigen „Dreizack", als gingen von ihm drei Strahlen (Trinität) aus. Am Echinus liegen Harpyien auf dem Rücken, die aus terrestrischen Masken (ganz links an der Ecke) herausschlüpfen. Diese Harpyien tragen phrygische Mützen auf den Köpfen. Diese sind von frühchristlicher Zeit bis in die Romanik ein Zeichen für Juden und Heiden, aber auch für das Böse. Da die Harpyien auf dem Rücken liegen, sind sie „hilflos". Sie sind durch das Kreuz besiegt worden.

Das 45. Kapitell ist ein Beispiel, aus dem wir ersehen können, wie der romanische Mensch mit den Zahlensymbolen umging: 45 = 9 x 5. Das Wunder „der Auferweckung des Lazarus" wie es auf Kapitell 45 gezeigt wird, ist einerseits Präfiguration für die „Auferstehung Christi". Die heilige Zahl Neun steht für die Göttlichkeit Christi, denn er ist Teil der Trinität. Andererseits weist die Darstellung auch auf die Wende zum Opfertod hin. Als die Hohepriester von dem Wunder gehört hatten, galt es für sie als ausgemachte Sache, dass er sterben müsse. Die Fünf steht für die Zahl des Menschen, der sterben muss, und die der fünf Todeswunden Christi.

Joh 11,53

Noch ein Kapitell kann zahlensymbolisch zugeordnet werden. Es handelt sich um das 60. Kapitell, auf dem die „BAB[i]LONIA MAGNA" zu sehen ist. Es bezieht sich auf Daniel: „*König Nebukadnezar ließ ein goldenes Standbild machen, sechzig Ellen hoch*." Die Zahl 60 ist normalerweise nicht negativ besetzt, wird auch an dieser Stelle von den Kirchenlehrern als Hinweis auf das Sechstagewerk und den Dekalog (6 x 10 = 60) erklärt, kann aber doch als Ausdruck für den Hochmut und den Größenwahn weltlicher Herrscher aufgefasst werden.

Dan 3,1

Könnte nicht das 68. Kapitell, das ein zweites Mal die vier Evangelisten zeigt, auch zahlensymbolisch gedeutet werden? Schon die vier Evangelisten auf dem Kapitell 32 reizten mich, die Zahl 32 als heilige Zahl, 4 x 8 = 32, zu deuten. Könnte die Zahl 68 nicht auch ein Hinweis auf die vier Evangelisten sein: 4 x 17 = 68? Die vier Evangelisten bringen das Heil, das durch die Zahl 17 repräsentiert wird, zu uns auf die Welt. Die Zahl 17 besteht, wie wir wissen, aus der Zehn (Symbol für das Gesetz, den Dekalog) und der heiligen Zahl Sieben.

Siehst du, daran habe ich nicht mehr gedacht. Daraus lässt sich erahnen, wie viele Geheimnisse noch in dem Kreuzgang stecken könnten.

Die kleinen Zeichen auf den Kapitellen

Abakus des Kapitells 23, Westseite

Immer wieder erblicken wir auf den Kapitellkörben kleine Zeichen und Buchstaben, scheinbar regellos und geheimnisvoll. Sollten wir nicht versuchen, auch sie zu deuten?

Zunächst fällt uns das Kreuz als Zeichen auf. Als Siegessymbol über den Tod kommt es immer wieder vor. So ragt zum Beispiel auf Kapitell 18 eine Hand ein Kreuz haltend aus dem Himmel, um drei spanischen Heiligen bei ihrem Martyrium die Gewissheit ihrer Erlösung anzuzeigen.

Manche Buchstaben erhalten einen Querbalken (Đ, Ł, ł, ħ), um ein Kreuz zu symbolisieren. Am Abakus des Kapitells 23 wurde das „P" unten mit einem kleinen Querstrich versehen, sodass es zu einem Chrismon, bestehend aus dem Kreuz „X" (griechischer Buchstabe CHI) und „P" (RHO), wird.

Kapitell 23, Abbildung 9, Seite 69

Eigentlich ist der kleine Querstrich aber auch ein Abkürzungszeichen, das darauf aufmerksam macht, dass hier Buchstaben ausgelassen wurden.

Warum wurden Buchstaben ausgelassen, also Wörter abgekürzt? Aufgrund von Platzmangel? Heißt das, dass der Steinmetz als Schreiber sich nicht vorher überlegt hat, für wie viele Buchstaben er Platz hat, was heißen würde, dass er einfach drauflos gearbeitet hat?

Ich glaube nicht, dass die Steinmetze der damaligen Zeit einfach drauflos gearbeitet haben. Das würde die Theorie des 19. Jahrhunderts (die ich nicht vertrete) bestätigen, dass die Künste eine Entwicklung „vom Primitiven zum Höheren" genommen haben. Das Weglassen von Buchstaben (weiter unten werden wir sehen, dass das auch für Noten oder vielmehr Töne gilt) entspricht durchaus einer damals gebräuchlichen Darstellungsart. In Texten auf Grab- und Gedenksteinen, Kapitellen und Ähnlichem ist es fast die Regel, dass Buchstaben, Silben und ganze Wörter ausgelassen werden. Das hat sicher nicht mit fehlendem Platz zu tun, sondern stammt noch aus der Zeit der mündlichen Überlieferung, in der nur einige Erinnerungspunkte gebraucht wurden, um sich an den Wortlaut oder die Melodie erinnern zu können. Abgekürzt wurden besonders gerne Wörter, die allgemein bekannt waren, wie zum Beispiel die „Nomina Sacra", die heiligen Namen: „SCS" für Sanctus, „DMS" für Dominus,

Abbildung 17: Kapitell 72, Gangseite
Dieses Kapitell zeigt Szenen aus der Apokalypse. Auf der Gangseite ist der schlafende Johannes zu sehen, der von einem Engel geweckt wird, um die Botschaft zu erhalten. Der Engel, der aus dem Himmel kommt (das wird durch die drei Wolkenbänder unmittelbar unter der rechten Volute gezeigt), ergreift Johannes am Arm. Über dem liegenden Johannes steht die Inschrift: „SIOħS“ (St. Johannes), wobei das Kürzungszeichen in die Oberlänge des „h“ eingezeichnet ist, um ein Kreuz anzudeuten. Dieselbe Bildung eines Kreuzes ist unter der Mittelkonsole zu sehen, wo „ANGŁS“ zu lesen und in das „Ł“ ein Kürzungsstrich eingezeichnet ist, der den Buchstaben wieder zu einem Kreuz werden lässt. Der Echinus zeigt besonders bewegte Szenen: Vögel mit schlangenartigen Schwänzen beißen sich selbst und kommen in der Mitte und an den Ecken aus menschenähnlichen (terrestrischen) Köpfen heraus. Sie greifen mit ihren Krallen in die – wie Hörner gestalteten – Haarsträhnen der Menschenköpfe.

„XP“ für Christus und so weiter. Wir machen es heute mit Wörtern, die wir häufig verwenden, noch immer so.
Normalerweise werden die horizontalen Abkürzungsstriche über der Stelle der Auslassung angebracht, hier, wie auch an anderen Orten Europas, werden sie aber zur Bildung eines Chrismons verwendet. Manchmal bedeuten diese Striche über bestimmten Wörtern auch Himmel, Ewigkeit oder Heiliger Geist.

Den Ausdruck „Chrismon“ verwendest du immer wieder einmal. Was ist das?

Das Chrismon, auch Christogramm genannt, ist ein Monogramm für den Namen Christi und wird aus den beiden griechischen Anfangsbuchstaben „X“ (CHI) und „P“ (RHO) des Namens „Christus“ gebildet. Häufig wird es auch noch mit einem Kreuz, wie es auf Kapitell 40 zu sehen ist, kombiniert. Im Kreuzgang von Moissac wurde – so scheint es – keine Gelegenheit ausgelassen, um das Chrismon anzuzeigen. Im Norden Spaniens wird es seit der Spätantike bis herauf in die Gotik besonders häufig dargestellt. Südfrankreich hat sicher sehr viel aus jener Gegend übernommen und daher finden wir das Christogramm in Moissac so oft.

Kapitell 40, Abbildung 18, Seite 101

Die Reliefplatten an den Eckpfeilern, zum Beispiel, zeigen in den Bögen über den Apostelfiguren die Namen der entsprechenden Apostel und in der Mitte jeweils ein Kreuz (Ausnahme: bei Johannes steht an Stelle des Kreuzes „NO“). An den Eckpfeilern kommen

Abbildung 18: Kapitell 40, Hofseite
Auf der Mittelkonsole zur Hofseite des Akanthusblattkapitells ist ein Christusmonogramm, das Chrismon, zu sehen. Es besteht aus einem Kreuz, das von den beiden griechischen Anfangsbuchstaben des Namens Christi, „X“ (CHI) und „P“ (RHO), in der Mitte geschnitten wird.

Abkürzungszeichen vor, die, da sie in den Buchstaben gesetzt wurden, mit ihm zu einem Kreuz werden (zum Beispiel im „C“ bei „SCS PAVLVS“). Abbildung 8, Seite 58

Eine Besonderheit dieses Kreuzgangs scheint überhaupt die Behandlung der Schrift auf den Kapitellen zu sein.

Der eigenartige Umgang mit den Schriftzeichen ist keine spezielle Besonderheit dieses Kreuzgangs. Mit ihrer Schrift gingen die Künstler der damaligen Zeit fast überall so um.

Erstens werden die Schriftzeichen manchmal so willkürlich in den Kapitellkorb gesetzt, dass es Schwierigkeiten macht, sie zu einem Wort zusammenzufügen, zweitens werden sie immer wieder abgekürzt, drittens werden Buchstaben ineinander und übereinander geschachtelt und viertens werden manchmal Buchstaben oder ganze Wörter sogar spiegelverkehrt geschrieben.

Dann werden die Texte kaum dazu gedient haben, dass die Novizen an ihnen das Lesen lernten, wie das in manchen Reiseführern behauptet wird.

Das Lesen lernen wohl kaum, aber dass sie über die rätselhaften Bedeutungen der Buchstaben und Wörter nachdenken, war möglicherweise schon die Intention der Schöpfer dieser Kapitelle.

Abbildung 19: Kapitell 6, Nordseite
Auf diesem Kapitell ist die Szene der Fußwaschung (Joh 13,1-20) zu sehen.
Wichtige Symbole sind die Schild tragenden Engel auf dem Echinus. Der Echinus wird links und rechts von je einem Säulchen begrenzt. Dazwischen „fliegen“ zwei Engel und halten einen Schild (Clipeus), auf dem sich das Bild des triumphierenden Erlösten befindet. Das entspricht einer alten römischen Tradition: Beim siegreichen Einzug des Kaisers, zum Beispiel nach einer gewonnenen Schlacht, wurde ihm von zwei als Genien verkleideten Menschen ein Prunkschild mit seinem Bildnis vorangetragen. Das hat die christliche Ikonographie als Sinnbild für den Sieg der gläubigen Seele übernommen. Wer in demütiger Haltung seinem Nächsten dient, wird den Sieg davontragen. Typisch für Darstellungen der Zeit ist die Kopfhaltung der Engel, die beide den Kopf nach hinten wenden. Die drei Wolkenbänder an den Rändern vor den Säulen symbolisieren den Himmel, aus dem die Engel kommen.

Suchen wir doch für alle vier der von dir aufgezählten Besonderheiten je ein Beispiel.

Kapitell 6, Abbildung 19, Seite 103

Kapitell 6 mit der Szene der Fußwaschung, das leider arg in Mitleidenschaft gezogen wurde, zeigt ein gutes Beispiel für das willkürliche Aufteilen der Buchstaben der Apostelnamen.
Auf ihm sind alle zwölf Apostel rund um den Kapitellkorb abgebildet, wie sie der Fußwaschung Petri durch Christus beiwohnen. Sie sind namentlich bezeichnet. So ist auf der Nordseite links oben neben dem Nimbus „IACOB“, rechts oben neben dem Nimbus „TO“, darunter „M“ und weiter unten „A“ zu lesen. Oben rechts neben dem Nimbus steht das „S“ für „TOMAS“. Unter den linken beiden Nimben sind „I“, darunter „OA“ und darunter „И“ (verkehrt geschriebenes N) für „IOAN[es]“ geschrieben. Die Buchstaben für Philipp stehen in der Mitte der Konsole.

Kapitell 1, Abbildung 20, Seite 105

Schauen wir uns als weiteres Beispiel den Text auf dem Abakus von Kapitell 1 an. Er beginnt auf der Gangseite mit „MARTIRIO ⁝ S[an]C[tu]S PE“ und geht auf der Nordseite mit „TRE ⁝ MARTIRIO ⁝ Ƨ[an]C[tu]Ƨ ⁝ P“ weiter. Daran schließt an der Hofseite „AVLE ⁝ ƧAVLE ⁝ ƧA“ an und auf der Südseite endet die Inschrift mit „VLE QV[id] Me PERSEQ[u]ER[is]“.
Abkürzungen werden häufig durch das Auslassungszeichen angedeutet, wie im „C“ bei „SCS“ (SANCTUS) und über dem „V“ bei „QVID“ („Q“ wie ein verkehrtes „P“ geschrieben). Sie werden aber auch oftmals nicht angezeigt wie bei „M(e) PERSEQ(u)ER(is)“.

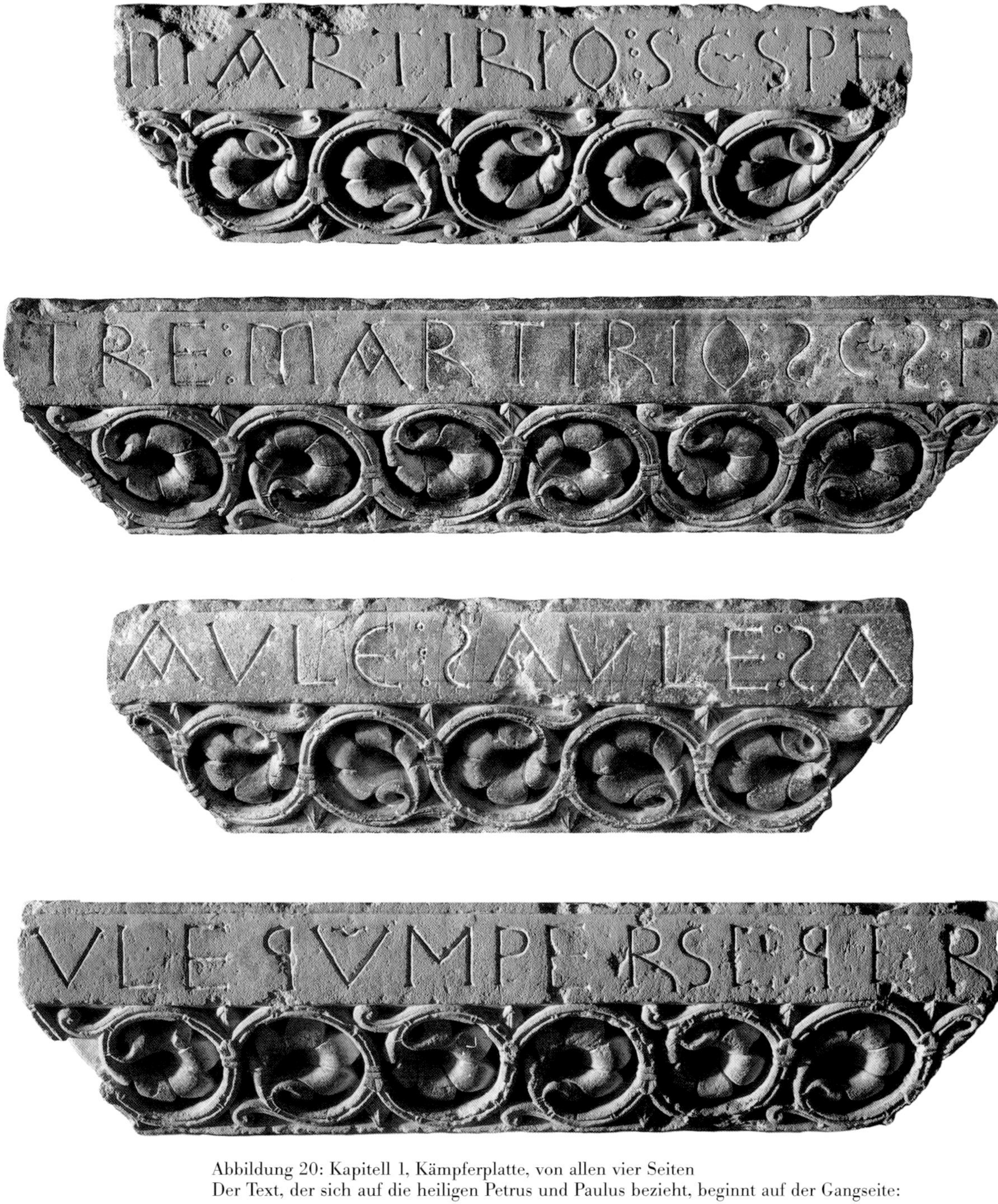

Abbildung 20: Kapitell 1, Kämpferplatte, von allen vier Seiten
Der Text, der sich auf die heiligen Petrus und Paulus bezieht, beginnt auf der Gangseite:
„MARTIRIO ⁝ S[an]C[tu]S PE“,
„TRE ⁝ MARTIRIO ⁝ Ƨ[an]C[tu]Ƨ ⁝ P“,
„AVLE ⁝ ƧAVLE ⁝ ƧA“,
„VLE QV[id] Me PERSEQ[u]ER[is]“.

In dieser Inschrift kommen auch spiegelverkehrte Buchstaben vor. So wird der Name „SAVLE“ mit einem verkehrten „S“ (Ƨ) geschrieben, weil sich der zweite Textteil auf *„Saul, Saul warum verfolgst du mich?“* bezieht. Saul ist noch nicht bekehrt, er ist noch „verkehrt“. Im gleichen Sinn schreibt der Steinmetz auf der Gangseite des 1. Kapitellkorbes das Wort „NERO“, indem er das „R“ auf den Kopf stellt. Das „R“ steht für den römischen Titel „REX“. Da Nero aber kein guter Herrscher war, wurde das Zeichen für den Herrschertitel in seinem Namen auf den Kopf gestellt. Apg 9,4

Das klingt für mich trotzdem, als wäre es nur Zufall. Der Steinmetz könnte sich doch geirrt und den Buchstaben verkehrt heraus gemeißelt haben. Gibt es dafür weitere Belege?

Es gibt sogar mehrere. Zum Beispiel auf Kapitell 65, wo zwei der Namen der Musiker König Davids spiegelverkehrt geschrieben sind. Auf der Gangseite ist David zu sehen, der im Haus des Herrn die Harfe schlägt, „D[avi]D CITAR[am] P[er]CVTIEBAT IN DOMO D[omi]NI“, und ihm gegenüber Asaph mit der Leier „[m]VC HPASA LIRA“. „Asaph“ und „cum“ sind spiegelverkehrt geschrieben und zudem umgestellt. Auf der Ostseite Eman mit einer Rota, „NAME CVM ROTA“, der Name „Eman“ ist wieder spiegelverkehrt geschrieben. Auf der Hofseite Ethan mit seiner Pauke, „ETAN CVM TIMPHANO“, und auf der Westseite Idithun mit den Zimbeln, „ET IDITVN CVM CIMBALIS“. Es geht hier sicher darum, das Ganze 1 Chr 16,37-42

Abbildung 21: Kapitell 8, Südseite
Hier wird das „Gleichnis vom reichen Mann und dem armen Lazarus" geschildert. Auf der Südseite sitzt Abraham auf einem Thron mit fein gearbeitetem Polster. Er hat die Seele des Lazarus wie ein kleines Kind in Empfang genommen (leider abgeschlagen), sodass Lazarus in Abrahams Schoß geborgen ist. Rechts und links assistieren ihm zwei Engel. Die Szene wird durch eine Inschrift erklärt: „[a]ИIME (im linken Band, das von der Volute zu seinem Kopf führt, wobei das ‚N' spiegelverkehrt geschrieben ist) T[enet] (links unter dem Polster seines Thrones) ABRA[h]AM (rechts neben seinem Kopf)". Übersetzt bedeutet das: „Abraham hält die Seele fest." Am Echinus sind Engelsköpfe in heraldischer Form angebracht. Am Abakus wird der 54. Psalm zitiert.

Ausschnitt aus Kapitell 8, Südseite mit dem Apex im Wort „AИIME“

geheimnisvoller zu gestalten und die Aufmerksamkeit darauf zu lenken, dass auch die Umkehrung die Wahrheit enthält.

Kapitell 8, Abbildung 21, Seite 107

Eines der interessantesten Beispiele ist auf Kapitell 8 zu lesen, auf dem das „Gleichnis vom reichen Mann und dem armen Lazarus“ geschildert wird. Auf der Südseite sehen wir Abraham mit der Seele des Lazarus. Die Szene wird durch eine Inschrift erklärt, in der das „N“ verkehrt geschrieben ist: „[a]ИIME T[enet] ABRA[h]AM“. Das spiegelverkehrte „N“ bei „AИIME“, kann als Apex (Plural: Apices) gelesen werden, der die Zahl Drei symbolisiert.

Apices sind Hornscheibchen mit Zahlzeichen von Eins bis Neun, die zum Rechnen auf dem Rechenbrett (damals auch Abakus genannt) verwendet wurden. Auf diesen Hornscheibchen wurde die Drei wie ein verkehrtes „N“ (И) geschrieben. Wenn die Drei, der Apex „И“, hier angesprochen wird, soll das wohl heißen, dass Lazarus im Schoße Abrahams die Trinität schaut.

Auf dem Abakus dieses Kapitells ist ein Abschnitt aus Psalm 54 eingemeißelt, in dem das verschlüsselte Wort „DEUS“ mit dem spiegelverkehrten „S“ (DƧ) vorkommt: „TE TVA IVDICA ME : D[eu]Ƨ [e]X“. Damit haben wir ein weiteres Beispiel für die Verwendung spiegelverkehrter Buchstaben, nämlich, um den Namen Gottes – das Wort wurde ja auch noch abgekürzt – unaussprechlich zu machen.

Kapitell 8,
Abbildung 21, Seite 107

Das Ineinanderschachteln von Buchstaben kann gut auf der Westseite des Kapitells 23 studiert werden. Das „V“ von „P[er]CVSSIT“ wurde in das „C“ integriert und das „O“ von „MONAChV[m]“ in das „M“. Am Anfang und am Ende der Textzeile werden darüber hinaus auch noch Abkürzungen angezeigt: Das „P“ wird durch einen Abkürzungsstrich zu einem Chrismon und das Wort „MONAChV“ ist am Ende abgekürzt, was durch einen Auslassungsstrich über dem „V“ angezeigt wird.

Kapitell 23,
Abbildung 9, Seite 69

Der Name Gottes

Ich bin wirklich neugierig, was noch alles in dem Kreuzgang versteckt ist. Wir untersuchen schon fast zehn Stunden jedes einzelne Kapitell, stauben es mit feinen Dachshaar-Pinseln ab, um es von den störenden Spinnennetzen zu befreien und entdecken ununterbrochen Neues. Uns ist nicht einmal kalt geworden, obwohl es in diesen Märztagen hier recht ungemütlich sein kann. Was findest du denn noch heraus?

Es hat für mich den Anschein, als stünde der Kreuzgang auch unter dem Ehrfurcht gebietenden Thema des „Namens Gottes", was aber kein fortlaufendes Programm ergeben kann.
Am Beginn (Kapitell 1 muss den beiden Apostelfürsten, denen der Kreuzgang geweiht ist, vorbehalten bleiben) ist auf Kapitell 2 am Abakus eine rätselhafte Buchstabenfolge eingetragen. *„Die vier Seiten des Abakus"*, so Thorsten Droste, *„umziehen eingeritzte Buchstaben, die sich zu einem Alphabet addieren. Es beginnt auf der Gangseite (Mitte): A B C D E F G H I, setzt sich dann auf der Nordseite fort: K L M N O P Q R S T V Z A, danach folgt Vers 3 des 54. Psalms: D[eu]S IN N ... die Fortsetzung auf der Hofseite: OMINE TVO SALVUM* [me fac] *(Hilf mir, Gott, durch Deinen Namen), schließlich auf*

der Südseite A X B V C T, die rechte Hälfte der Platte ist weggebrochen. Bei der letzten Buchstabenreihe handelt es sich [...] *um den Beginn eines verschachtelten Alphabets, in dem Anfang und Ende der Buchstabenreihe alternierend miteinander verzahnt sind. Zuletzt stehen noch einmal auf der Gangseite vier Buchstaben: M L Y Z.*"

Thorsten Droste, Seite 86.

Es ist das herausragende Verdienst von Thorsten Droste, darauf aufmerksam gemacht zu haben, dass es sich hier um den Hinweis auf das Wort aus der Apokalypse handelt: „*Ich bin das Alpha und das Omega, spricht Gott, der Herr.*" Wenn das Alphabet hier am Anfang des Kreuzgangs als „Manifestation des Göttlichen" steht, erinnert es uns an das Johannes-Evangelium. Darin wird am Beginn Gott als „das Wort" (Geist, Name, Klang) bezeichnet: „*Im Anfang war das Wort, und das Wort war bei Gott, und das Wort war Gott. Im Anfang war es bei Gott.*" Daher stand für die Menschen der Romanik fest, dass Christus Herr über das Wort (Alphabet), über die Zeit und über alle Welt ist. Manfred Lurker schreibt in „Symbol, Mythos und Legende in der Kunst": „*Die Vorstellung, daß alle Buchstaben zusammen die ganze Welt in sich zusammenfassen* [ist uralt, und ist] *in der Kurzform von Alpha und Omega auch in die christliche Kunst eingegangen.*"

Offb 1,8

Joh 1,1-2

Manfred Lurker: Symbol, Mythos und Legende in der Kunst. Die symbolische Aussage in Malerei, Plastik, Architektur. Baden-Baden, Valentin Koerner, 2000, Seite 154.

Dass in der Reihenfolge der Verschachtelungen der Buchstaben auf der Südseite statt des „Z" das „X" als Ende des Alphabets verwendet wird, macht durchaus Sinn: „X" ist das Buchstabenzeichen für das griechische „CHI". Das ist das Symbol für Christus, einerseits wegen des Anfangsbuchstabens (X) des Namens „Christus" und andererseits als Zeichen für das Kreuz der Erlösung, das an den Kapitellen immer wieder vorkommt. Trefflich ist auch die Verquickung des griechischen mit dem lateinischen Alphabet, indem das „A und ω“ zum „A und X“ wird, also in beiden Fällen auf den Text eingeht, der besagt: *„Ich bin das Alpha und das Omega“*, wobei das Omega hier zum Zeichen Christi (X) umgedeutet wird.

Offb 1,8

Da haben wir wieder das Spiel mit den Buchstaben. Es scheint für Moissac geradezu typisch zu sein.

Du hast Recht. Das gibt es nicht in vielen Kreuzgängen in Europa; in dieser Form vielleicht überhaupt nirgends. Dass mit dem Alphabet bereits früh verschiedene Spekulationen durchgeführt wurden, ist schon lange Zeit bekannt. So wurde zum Beispiel im Buchstaben-Zahlenwert-System (Gematria) auch das verkehrte und das verschachtelte Alphabet verwendet, um die Ergebnisse noch geheimnisvoller zu gestalten.

Jürgen Werlitz: Das Geheimnis der heiligen Zahlen. Ein Schlüssel zu den Rätseln der Bibel. Wiesbaden, Pattloch, 2000, Seite 85.

Wird der Name Gottes auch direkt in den Kapitellen zitiert oder angesprochen, damit deine Theorie, der Kreuzgang stehe im Zeichen des Namens Gottes, untermauert werden kann?

Zweimal wird der 54. Psalm zitiert, der direkt auf den Namen Gottes Bezug nimmt. Auf dem zweiten Kapitell wird auf dem Abakus das Wort „das Gott ist“ genannt, und auf dem achten Kapitell steht am

Kapitell 8, Abbildung 21, Seite 107

Abakus geschrieben: „D[eu]Ƨ IN NOMINE TVO ƧA[l]VV[m] – ME FAC ET IN VIRTV – TE TVA IVDICA ME ⁝ D[eu]Ƨ [e]X – ƧAVDI ORACIONEM [meam]“.

Der 54. Psalm wird hier sicher im Zusammenhang mit der Gefangenschaft und Errettung Petri verstanden: Ps 54,3-5.54,9

„Hilf mir, Gott, durch deinen Namen,
Verschaff mir Recht mit deiner Kraft.
Gott, höre mein Flehen,
Vernimm die Worte meines Mundes.
Denn es erheben sich gegen mich stolze Menschen,
Freche Leute trachten mir nach dem Leben;
Sie haben Gott nicht vor Augen.
Doch Gott ist mein Helfer,
Der Herr beschützt mein Leben. [...]
Der Herr hat mich herausgerissen aus all meiner Not,
Und mein Auge kann auf meine Feinde herabsehen.“

In diesem Psalm wird der Name Gottes direkt angesprochen, dadurch soll dem Bittenden Hilfe erteilt werden. Was heißt das in diesem Zusammenhang?

Wenn man die Typologie, also die Präfiguration des Neuen Testaments durch das Alte Testament, wie sie von den Kirchenlehrern und der Allgemeinheit im Mittelalter vertreten wurde, ernst nimmt, dann sind die Worte Petri auf dem Kapitell 74 durch die Worte des Psalms

Kapitell 74, Abbildung 40, Seite 200

Apg 12,6-19a

54 präfiguriert. Anders erklärt, könnten die Worte des Psalms direkt die Worte Petri bei seiner Befreiung aus dem Kerker gewesen sein. So wird hier die Anrufung des Namens Gottes Ausdruck für die Hoffnung auf die Befreiung aus Not und Elend. In Kapitell 74 sind die Worte Petri beim Verlassen des Kerkers eingemeißelt. Es befindet sich am Ende des Weges durch den Kreuzgang. Dort erfüllt sich das Heilsgeschehen, das im Alten Testament (im Psalm 54) „vorhergesagt“ wird: Kapitell 73 – Christus wird verklärt; Kapitell 74 – Petrus wird befreit; Kapitell 75 – Christus wird getauft und beginnt damit sein Erlösungswerk und Kapitell 76 – Christus überwältigt endgültig das Böse.

Kapitell 76,
Abbildung 31, Seite 172

Gehen wir nochmals kurz auf Kapitell 8 ein. Auf seinem Abakus ist das „S“ grundsätzlich spiegelverkehrt geschrieben, was natürlich besonders in dem Wort „D[eu]Ƨ“ *auffällt. Es kann sich doch nicht, so wie du vorher behauptet hast, um ein Zeichen für das Böse, das „Verkehrte“ handeln.*

siehe Seite 109

Nein, natürlich nicht. Das ist ein besonders wichtiges Beispiel dafür, dass in der Romanik alle Symbole auf zwei verschiedene Arten gedeutet werden konnten, so wie alle Zeichen der Welt auch immer mindestens zweideutig ausgelegt werden können. Hier ist das „S“ spiegelverkehrt geschrieben, um den Namen Gottes unaussprechlich zu machen – er ist zudem noch abgekürzt worden.

In diesem Zusammenhang wäre es interessant zu wissen, ob der Name Christi – nicht nur der Name Gottes – offen oder versteckt auch in den Kapitellen vorkommt.

In dieser Zeit wird Gott fast immer mit dem Kreuznimbus abgebildet, das heißt Gott ist Christus und Christus ist Gott. Wir müssen also suchen, ob der Name „Christus“ in dem Kapitellprogramm vorkommt. Und das ist durchaus oft der Fall, allerdings immer nur als Monogramm.

Auf Kapitell 25 ist ein solches Christusmonogramm unterhalb des Konsolblocks zur Westseite zu sehen: das „I H S“ (Iesus Hominum Salvator = Jesus, Erlöser der Menschen). In das „H“ wurde links ein Kreis eingezeichnet, aus dem ein Kreuz herauswächst. Der Kreis ist das Symbol für die Ewigkeit und für Gott.

Kapitell 25, Abbildung 22, Seite 117

(Eine andere Erklärung für das „I H S“ ist folgende: Aufgrund der damals weitgehenden Unkenntnis der griechischen Buchstaben sowie der Annahme, dass (I H Σ O Y Σ, H = Eta) die richtige Schreibweise sei, wurde aus dem griechischen „IHΣ“ das lateinische „IHS“.)

Es gibt in diesem Kreuzgang noch mehr solche Beispiele. Im Zentrum des Gemmenkreuzes auf Kapitell 39 befindet sich ein typisches Christusmonogramm.

Kapitell 39, Abbildung 16, Seite 93

Was ist ein Gemmenkreuz? Eine Gemme ist meines Wissens ein geschnittener Edelstein.

Abbildung 22: Kapitell 25, Westseite
Auf dem Kapitell mit Szenen aus dem Leben Petri ist unter der Mittelkonsole der Westseite ein IHS-Monogramm, das die Gegenwart Christi zum Ausdruck bringen soll, dargestellt. Der Mann links vom Christogramm scheint ein Zeuge des Geschehens zu sein. Der Mann rechts davon, der die rechte Hand zum Sprechgestus hebt, ist Johannes, der Begleiter des Petrus. Dann folgt Petrus selbst, der namentlich mit „PETRO“ bezeichnet ist.

Im Mittelalter wird der Ausdruck Gemme noch für alle Edelsteine verwendet. Ein Gemmenkreuz war daher ein Kreuz, das über und über mit Edelsteinen übersäht war. Die Darstellung des Gekreuzigten als Leidender ist bis in die Romanik noch nicht gebräuchlich. Der schmachvolle Tod am Kreuz, wie er aus der Römerzeit noch erinnerlich war, wurde von den Christen nicht gerne abgebildet. Wenn Christus am Kreuz gezeigt wurde, dann fast immer lebend, als Sieger über den Tod und die Sünde. Sehr beliebt waren Kreuze, die, meist ohne Korpus, mit Gemmen und Edelsteinen besetzt waren, um den „Triumph des Kreuzes" darzustellen. Sie werden heute Gemmen- oder Triumphkreuze genannt.
Andere Beispiele für Christusmonogramme haben wir bereits besprochen. Auch das Kapitell 31 mit der Anrufung des Namens Allah müssen wir konsequenterweise hier anführen, wenngleich es für einen christlichen Ort eine ziemlich ungewöhnliche Nennung des Namens Gottes darstellt.

siehe Seite 97
siehe Seite 78

Es wären also all die vielen Buchstaben, die durch das Einfügen eines Querstriches zu einem Kreuzzeichen geworden sind, auch als Zitate des Namens Christi, gleichsam als Christusmonogramme, aufzufassen?

Das ist sicher richtig, und dann gibt es noch ein weiteres Zeichen, das von vielen Kennern der romanischen Kunst kaum erwähnt wird. Seine Verwendung ist in Moissac besonders auffällig. Es handelt sich um die sogenannte Pfeilfalte (∇), die ein allgemeines Stilmerkmal romanischer Kunst ist. Es ist eine Falte am unteren Kleidersaum von Christus und den wichtigsten Heiligen, die eine pfeilähnliche Gestalt besitzt und auch als Dreieck gesehen werden könnte. Es handelt sich dabei um das Zeichen für „T“, dem Anfangsbuchstaben von „Trinitas“ (Trinität) und um ein Symbol für das Dreieck und das Tau-Kreuz.

Wenn das ein allgemeines Stilmerkmal der Romanik ist, müsste diese Falte bei vielen romanischen Skulpturen sichtbar sein. Kannst du mir Beispiele nennen?

Ein besonders eindrucksvolles Beispiel ist die Madonna des Bischofs Imad (1051–1058) im Diözesanmuseum von Paderborn oder die Madonna in der Arkade des Altarantependiums in der alten Kathedrale La Vielle Major in Marseille, wo der gesamte Gewandsaum aus lauter solchen Dreiecken besteht.

Kapitell 54,
Abbildung 33, Seite 176
Kapitell 67,
Abbildung 5, Seite 45
Kapitell 72,
Abbildung 17, Seite 99

Kapitell 39,
Abbildung 16, Seite 93

Kapitell 6,
Abbildung 19, Seite 103
Kapitell 8,
Abbildung 21, Seite 107

Die Dreifaltigkeit oder Trinität scheint in diesem Kreuzgang allgegenwärtig zu sein. Immer wieder tauchen Zeichen auf, die deiner Meinung nach die Dreifaltigkeit symbolisieren sollen. Seien es die drei Wolkenbänder des Himmels, aus denen die Engel kommen, die drei Strahlen, auf denen das Gemmenkreuz steht, die vielen dreiblättrigen Pflanzen und schließlich die Verwendung des Apex „/I“. Immer wieder wird die Drei zitiert. Ist das ein allgemeines Merkmal der Zeit oder ist das typisch für Moissac?

Ausschnitt aus Kapitell 72, Gangseite: drei Wolkenbänder, aus denen der Engel erscheint.

Es ist ein allgemeines Stilmittel der Zeit, scheint aber besonders typisch für den Raum Nordspanien und Südfrankreich zu sein, wo man sich seit dem 8. Jahrhundert mit dem Islam auseinanderzusetzen hatte. Der Islam, der konsequent vom Glauben an einen Gott ausgeht, lehnt die Trinität strikt ab und lehrt, dass Gott keinen Sohn sowie keine anderen gleichwertigen Wesen neben sich habe. Damit hatten die rechtgläubigen Christen in den Gegenden, die an von Arabern besetzte Gebiete grenzten, Schwierigkeiten; besonders aber jene Christen, die in den arabischen Gebieten lebten. Obwohl die islamische Toleranz vorbildlich war, versuchten die Christen dort eine Art Kompromiss herzustellen. Der Erzbischof von Toledo, Elipandus, kam im 8. Jahrhundert auf die Idee, eine neue Bibelauslegung zu lehren. Er verkündete, Christus sei nicht Gottes Sohn gewesen, sondern als Mensch von Gott an Sohnes Stelle adoptiert worden. Mit dem Adoptianismus hat er praktisch die alte Lehre des Arianismus, die schon auf dem Ersten Konzil von Nicäa im Jahr 325 verworfen worden war und dann auf dem Dritten Konzil von Toledo 589 erneut als Irrlehre gebrandmarkt wurde, wieder aufleben lassen. Das brachte die rechtgläubigen Christen zusätzlich in Bedrängnis und half bei der Anerkennung durch den Islam auch nicht viel. Daher hatten diese seit dem 8. Jahrhundert die Trinität besonders zu verteidigen und betonten sie daher bei jeder Gelegenheit. Diese Einstellung hielt sich zäh bis ins 11. Jahrhundert, was in der Bildenden Kunst durch die Verwendung des „A und ω“ und des Zahlensymbols der Drei immer wieder gegenwärtig ist. Das „ω“ ist ebenfalls Symbol für die Dreifaltigkeit, was am Tympanon des Westportals der Kathedrale von Jaca (Nordspanien) genau erklärt wird. Deshalb wurde bis weit in die Gotik hinein das „A und ω“ nie mit dem Großbuchstaben „Ω“ geschrieben. In Jaca heißt es: „P“ (RHO) = Vater, „A“ (ALPHA) = Sohn und „ω“ (OMEGA) = Heiliger Geist. Der griechische Buchstabe „ω“ wird dort wegen seiner Gestalt als „der Doppelte“ bezeichnet und steht für den Heiligen Geist.

Auffällig ist, dass in den Gegenden rund um die Pyrenäen besonders der heilige Martin, Bischof von Tours (um 315–397), verehrt wurde, der sich bei der Bekämpfung des Arianismus einen Namen gemacht hatte. Er kommt daher in den Darstellungen dieser Gegenden immer wieder vor (auch in Moissac auf Kapitell 35). Er wurde bis ins 12. Jahrhundert gegen Irrlehren angerufen.

Der Weg der Mönche

Wir haben bisher immer nur Einzelmotive in den Symbolen gesucht. Unsere ursprüngliche Annahme, dass die Kapitelle ein in sich geschlossenes Programm enthalten könnten, ist in den Hintergrund getreten und noch nicht bestätigt worden. Im Gegenteil, es hat wirklich den Anschein des willkürlichen Durcheinanders der Zeichen und Aussagen. Sollten wir in dem Kreuzgang ein fortlaufendes Programm entdecken, so entspräche das einem spirituellen Weg, den die Mönche gehen könnten. Dabei wäre für mich das einleuchtendste Thema „Die Mönche auf dem Weg zu Gott".

Ich bin der Meinung, dass es dieses in sich geschlossene Programm auch wirklich gibt. Einen Hinweis, dass Kreuzgänge so verstanden werden müssten, konnte ich in einer Inschrift an der Nordwand der Kathedrale Notre-Dame-de-Nazareth von Vaison-la-Romaine in der Provence finden. In der Übersetzung von Thorsten Droste lautet sie: *„Ich beschwöre euch, Brüder, den Aquilus (Nordwind, bedeutet das Böse) zu überwinden, wenn ihr den Kreuzgang durchschreitet; so werdet ihr zum Austrum (Südwind, bedeutet das Gute) gelangen. Die dreifach Feurige (damit ist die Trinität angesprochen) möge das* *vierteilige Nest* (damit ist der Kreuzgang gemeint) *entzünden, damit es sich den zwölf Steinen* (symbolische Metapher für die zwölf Domgeistlichen von Vaison) *hinzugeselle. Friede sei mit diesem Haus.*“

Übersetzung von Thorsten Droste, Anmerkung 396.

In der Südwestecke des Kreuzgangs von Moissac gibt es im ersten Stock über der Eingangshalle in die Kirche eine geschlossene Kapelle, die Salle haute. Diese muss den Mönchen – und nur diesen – als Raum für liturgische Zwecke gedient haben, da sie nur vom Kreuzgang aus zu erreichen war. Von dort konnten sie in die Kirche hinunterblicken und es gab im Osten vermutlich einen Altar.

Wenn die Mönche die Salle haute verließen, kamen sie direkt bei der Südwestecke des Kreuzgangs heraus. Wenn sie diesen in Richtung Kapitelsaal, also entgegen dem Uhrzeigersinn, durchschritten, gingen sie ihren rituellen Weg vom sündigen Leben über demütige Reue und Annahme ihres Schicksals zur Vergebung und Erlösung und schließlich zur Auferstehung und Himmelfahrt.

Beim Ausgang aus der Salle haute blickten sie nach Norden, in die Richtung der Finsternis, der Sünde und des Irdischen. Und sie standen vor dem Relief des Apostels und Evangelisten Matthäus, der als Mensch symbolisiert wird, weil er Christus besonders als Mensch dargestellt hat und sein Evangelium mit dem menschlichen Stammbaum Christi beginnt. Die Galerie endet mit dem Relief des Paulus, der als sündiger Mensch begonnen hat und so ein Symbol für den Weg der Mönche durch die sündige Welt sein könnte. Viele Kapitelle im Südtrakt zeigen die Sünde und ihre Opfer: die Hinrichtung Johannes des Täufers (58), das Sündenbabel (60), Nebukadnezar (62) und Stephanus, den ersten Märtyrer (63).

Kapitell 67, Abbildung 5, Seite 45
Kapitell 68, Abbildung 6, Seite 47
Kapitell 72, Abbildung 17, Seite 99
Kapitell 74, Abbildung 39, Seite 199

Die Überwindung der Sünde und die Aussicht auf Erlösung durch die Gnade Gottes ermutigte die Mönche. Am Ende der Südgalerie überwiegen die Erlösungsbilder (Bewegungsrichtung nach Osten, zum Licht): David und seine Musiker (65); das himmlische Jerusalem (66); die Fesselung des Teufels durch Michael (67); die vier Evangelisten (68); Christus, der die Heilung von der Sünde bringt (69); die Versuchung Christi (71); Johannes erhält die Offenbarung (72); die Befreiung Petri (74) und die Taufe Christi (75).

Kapitell 6, Abbildung 19, Seite 103
Kapitell 8, Abbildung 21, Seite 107
Kapitell 19, Abbildung 15, Seite 89

Nun gelangten die Mönche in die Ostgalerie: Sie sahen nach Westen, in die irdische Welt und in den Tod. Sie sahen Bilder, die das menschliche Wirken in dieser Welt zeigen, meist mit hoffnungsvollem Ausgang. Durch Reue, Opfer, Entäußerung und Arbeit ist diese Welt zu überwinden. So kamen die Mönche vorbei an Themen wie Adam und Eva (3), die Entäußerung durch die Fußwaschung (6), die demütige Hingabe des armen Lazarus (8), die Anbetung der Könige, also ihre demütige Unterwerfung unter den „neuen König“ (13), und die Unterwerfung Marias unter den Willen Gottes: „Mir geschehe nach deinem Worte“ (19).

Kapitell 1, Abbildung 38, Seite 192

Auch durch aufopfernde Hinnahme des Martyriums wird diese Welt überwunden: die Martyrien der Apostel Petrus und Paulus (1), das Martyrium des heiligen Laurentius (5), der Bethlehemitische Kindermord (13), das Martyrium des heiligen Saturninus (16) und die Martyrien dreier spanischer Heiliger (18).

Wenn die Mönche in die Nordgalerie kamen, schauten sie nach Süden, ins Licht. Die Erlösung war somit nahe. Die Galerie beginnt mit Johannes, dessen Symbol der Adler ist (21, 24 und 33). An dicser Ecke befindet sich auch das Johannes-Relief. Mächtig wirken der Name Gottes (31), die Engel (20 und 19) und Heiligen durch ihre Wunder: der heilige Benedikt erweckt einen toten Mitbruder (23); der heilige Petrus heilt einen Gelähmten (25); der heilige Martin teilt seinen Mantel mit einem Armen und erweckt einen toten Novizen (35); die vier Evangelisten (32); der wunderbare Fischfang (28) und christliche Ritter befreien das Heilige Land (30). Schließlich zeigen große Vorbilder das Erlösungswerk an: Daniel in der Löwengrube (29) und die Jünglinge im Feuerofen (34).

Kapitell 31, Abbildung 12, Seite 81
Kapitell 23, Abbildung 9, Seite 69
Kapitell 25, Abbildung 22, Seite 117
Kapitell 35, Abbildung 7, Seite 50
Kapitell 32, Abbildung 2, Seite 21
Kapitell 28, Abbildungen 10 und 11, Seiten 74 und 75
Kapitell 30, Abbildung 3, Seite 26
Kapitell 29, Abbildung 32, Seite 174

Und schließlich blickten die Mönche in der Westgalerie nach Osten und hatten ihre Erlösung vor Augen, wie die Bilder in dieser Galerie mehrheitlich zeigen: „Abraham opfert Isaak“, die wichtigste Präfiguration des Opfers Christi (38); „Kain und Abel“ (54); „das Kreuz triumphiert“ (39); das Gute hat das Böse besiegt mit der Darstellung „David tötet Goliath“ (57); die „Auferweckung des Lazarus“ präfiguriert die Auferstehung des Fleisches (45); die „Personifikationen der Seligpreisungen“ (52) lässt sie die ewige Seligkeit erwarten und die Himmelfahrt ist ihnen mit der „Himmelfahrt Alexanders des Großen“ (56) sicher.

Kapitell 54, Abbildung 33, Seite 176
Kapitell 39, Abbildung 16, Seite 93

Das klingt plausibel, ist aber doch aus zwei Gründen nicht ganz nachzuvollziehen. Erstens schauen die Mönche in die von dir zitierte

Himmelsrichtung, sozusagen zur gegenüberliegenden Kreuzgangseite und sehen die beschriebenen Kapitelle auf ihrer Seite und zweitens kommen doch zwischen den aufgezählten Kapitellen, die deine Theorie beweisen sollen, einige Kapitelle, die nicht in diesen Plan passen.

Die Mönche, die ihr ganzes Leben durch den Kreuzgang gingen, kannten ihn genau, wussten auf welche Inhalte sie blickten und in welchem Zusammenhang sie diese sehen mussten. Das Symbol, das sie vor sich hatten, wird erst durch die Richtung ihres Blickes ganz verständlich. Sie hatten dadurch bei ihrem meditierenden Schreiten durch den Kreuzgang eine „höhere Freiheit".
Und die dazwischen liegenden Kapitelle, die nicht in meine Deutung passen, beweisen, dass in dem Kreuzgang noch andere Programme versteckt sein müssen.

Vielleicht gibt es sogar Kapitelle, die auf mehrere Programme gleichzeitig hinweisen und diese Theorie dadurch untermauern. Da sollten wir gleich einmal ein Beispiel dafür suchen!

Kapitell 21, Abbildung 23, Seite 128

Kapitell 20, Abbildung 24, Seite 132

Ein gutes Beispiel ist Kapitell 21, „das Adlerkapitell". Der Adler steht als Symbol für den Evangelisten Johannes, in dessen Umgebung es sich befindet: Kapitell 20 mit dem Sieg Michaels über den Drachen und der benachbarten Pfeilerfigur des Johannes. Der Adler ist weiters ein Symbol für das helle Licht und kündet damit den Tag und die christliche Erlösung an. Auf dem Echinus sind Fische zu sehen, ab-

Abbildung 23: Kapitell 21, Westseite
Vier große Adler, denen leider die Köpfe abgeschlagen wurden, stehen auf dem Halsring der Säule. Auf dem Echinus sind Fische in der Form der Tierkreiszeichen zu sehen. Das Wasser hinter den Fischen ist besonders deutlich herausgearbeitet.

gebildet in der Art von Tierkreiszeichen, was eindeutig das Ende der Zeit des Tierkreiszeichens der Fische anzeigt. Und Fische sind außerdem ein Symbol für Nacht und Sünde. Das Wichtigste für mich ist die Tonanzeige: Fische zeigen, wie du später noch sehen wirst, den Ton „h“ an.

Kapitell 28, Abbildungen 10 und 11, Seiten 74 und 75

Ein zweites Beispiel wäre das 28. Kapitell mit dem „wundersamen Fischfang und der Berufung der Apostel Petrus, Andreas, Jakobus und Johannes“. Auf dem Kapitell mit dem heiligen Inhalt am Nordpunkt des Kreuzgangs tummeln sich am Echinus Basilisken, Symbole für Sünde, Finsternis, Nacht und Kälte. Das Wasser des Sees sowie die Wellen auf dem benachbarten Mittelpfeiler könnten auf das Sternzeichen des Wassermanns hinweisen, das mit diesem Kapitell endet.

Das sind doch wunderbare Bestätigungen für die Richtigkeit deiner Theorie, dass in den Kapitellen vieldeutige Symbole zu sehen sind, die mehrere Programme gleichzeitig bedienen können. Auf dem Adlerkapitell (21) zum Beispiel sind die Adler Symbole für den Evangelisten Johannes und für das Licht, den Morgen und die Erlösung und die Fische auf dem Echinus dieses Kapitells Symbole für die Nacht, den Winter, die Sünde, und gleichzeitig für den Ton „h“. Das würde also bedeuten, dass viele Kapitelle Symbole für die verschiedensten Inhalte enthielten, die nur in der richtigen Reihenfolge gelesen werden müssen, um ein fortlaufendes Programm zu ergeben. Da bin ich aber neugierig, welche Programme wir noch finden werden.

Ich glaube, dass genau das der Grund für die Pluralität der Themen ist, die in dem Kreuzgang versteckt sind. Die Mönche hatten so die Gelegenheit, immer wieder auf neue, Heil bringende Gedanken zu kommen. Die Textgebundenheit, wie sie Bernhard von Clairvaux als Voraussetzung für die Meditation der Mönche verlangt, ist eine Einengung auf ein ganz bestimmtes Thema. Bilder und Symbole, die verschieden deutbar sind, lassen dem Meditierenden eine weit größere Freiheit; freilich besteht aber auch die Gefahr der Abschweifung der Gedanken, womit Bernhard seine Abneigung gegen die Darstellungen auf den Kapitellen begründet hatte.

Wir haben vorhin eine Reihe von Themen aufgezählt, die in einem Kreuzgang verschlüsselt sein könnten, und wenn der Mensch der Romanik die Erde als eine viereckige Platte sah, ähnlich dem Grundriss dieses Kreuzgangs, wäre doch das logischste Thema der Gang durch diese Welt und ihre Zeit, durch den Tag oder durch das Jahr.

Das ist eine gute Idee. Wir versuchen also gleichsam mit den Mönchen den Weg durch den Kreuzgang im Tagesverlauf zu gehen. Die Gehrichtung müsste dem Sonnenlauf, also dem Uhrzeigersinn entsprechen. Wenn die vier Mittelpfeiler zu der Säulenanzahl 116 addiert werden, ergibt das 120. So stehen für jede der 24 Stunden des Tages fünf Säulen, wenn die mittleren Pfeiler mitgezählt werden.

Wir beginnen an jener Stelle, an der von Natur aus die Nacht endet und der Tag beginnt, also wahrscheinlich an der Nordostecke des Kreuzgangs? Der Norden ist, soweit ich weiß, das Symbol für die Nacht und der Osten für den Aufgang der Sonne, des Heils.

Kapitell 20,
Abbildung 24, Seite 132

Genau das ist die Stelle, an der wir unseren Weg durch den mönchischen Tag beginnen. Es handelt sich dabei um Kapitell 20, das auf der Nordseite des Nordost-Pfeilers zu finden ist. Auf ihm ist der Kampf Michaels mit dem Drachen dargestellt, was wir als Symbol für den Sieg des Lichts, des Tages über die Nacht, werten.
Wir müssen bedenken, dass sich im Mittelalter die Zeit des Tagesbeginns änderte, was die Betrachtung mit unserer heutigen Zeiteinteilung etwas durcheinanderbringt. Im Lauf des Jahres änderte sich die Länge des Tages und der Nacht, da sie auf das Tageslicht bezogen wurde. Unsere heutige Stundenlänge gab es noch nicht.

Das würde aber doch an unserem Weg durch den Tag nichts ändern, da wir auf alle Fälle 24 Stunden hätten, die eben dann verschieden lang sind.

Kapitell 19
Abbildung 15, Seite 89

Der Tag beginnt mit der „hora prima“, der ersten Stunde. Symbole für den Beginn des Tages sind der Anfang eines Heilsprozesses oder vielmehr des Erlösungswerks. Kapitell 19 zeigt die „Verkündigung“. Gabriel ist der Erzengel, der als Bote und Verkünder gilt, und damit den Anfang eines prophetischen und geistigen Prozesses auf der Erde

Abbildung 24: Kapitell 20, Gangseite
Auf der Rückseite des Nordostpfeilers ist der Kampf der Engel gegen den Satan dargestellt. Der Erzengel Michael hält einen Schild in der Rechten und ersticht mit einem Speer den Drachen. Die Köpfe Michaels und Johannes', sowie Speer und Drachenkopf sind leider zerstört. Gut erkennbar ist aber der sich hinter Michael schlängelnde Drachenleib. Auf der rechten Seite ist der heilige Johannes im Sprechgestus (Orantenhaltung) abgebildet, wie er die Botschaft von der Tötung der Schlange erhält (Offb 12,7-8).

setzt. Dann folgen Ereignisse, die den Anfang eines Prozesses bedeuten. Mit Kapitell 13, der „Anbetung der Könige“, erscheint Christus erstmals der heidnischen Welt. Kapitell 11, die „Hochzeit zu Kana“, führt das erste Wunder Christi vor Augen und Kapitell 3 zeigt Adam und Eva, die ersten Menschen.

Die Ostgalerie zeigt darüber hinaus auch Symbole für den Anfang des Tages wie Greifen (14), Vögel (10, 9, und 7) und Engel (8 und 6). Der Pfeiler in der Mitte des Ostflügels steht an der Stelle, die wir dem Morgen zuordnen und zeigt das Bildnis des Abtes Durandus, den die Mönche wie einen Heiligen verehrten. Er steht genau gegenüber vom ehemaligen Eingang zum Kapitelsaal. Dort ermahnt er seine Mitbrüder, ihr Tagewerk Gott wohlgefällig zu beginnen.

Kapitell 59, Abbildung 4, Seite 33
Kapitell 68, Abbildung 6, Seite 47
Kapitell 76, Abbildung 31, Seite 172

Die Südgalerie symbolisiert den hellen Tag. Symbole für den Tag sind Adler (59), Löwen (68, 76) und Greifen (65).

Die Westgalerie würde dann den Abend und der West-Pfeiler in der Mitte der Galerie den Sonnenuntergang symbolisieren. Unmittelbar neben diesem taucht auf Kapitell 48 der Ochse, ein „Nachttier“, auf.

Kapitell 47, Abbildung 26, Seite 138

Ebenso wie die Basilisken, die nackte Menschen attackieren (47), deutet er den Beginn der Nacht an.

Kapitell 41, Abbildung 27, Seite 140

detaillierte Erklärung siehe Seite 139

Eigenartig ist, dass auf Kapitell 41 zwei „Tagtiere“ (Adler und Löwen) auftauchen. Sie sind hier aber monocephal, also „zerfallend“ dargestellt.

Die Nordgalerie schließlich symbolisiert die Nacht. Das kommt durch Bilder zum Ausdruck, die das Festgehaltenwerden, das Angebundensein, verdeutlichen. Gefängnisse waren für die Menschen des

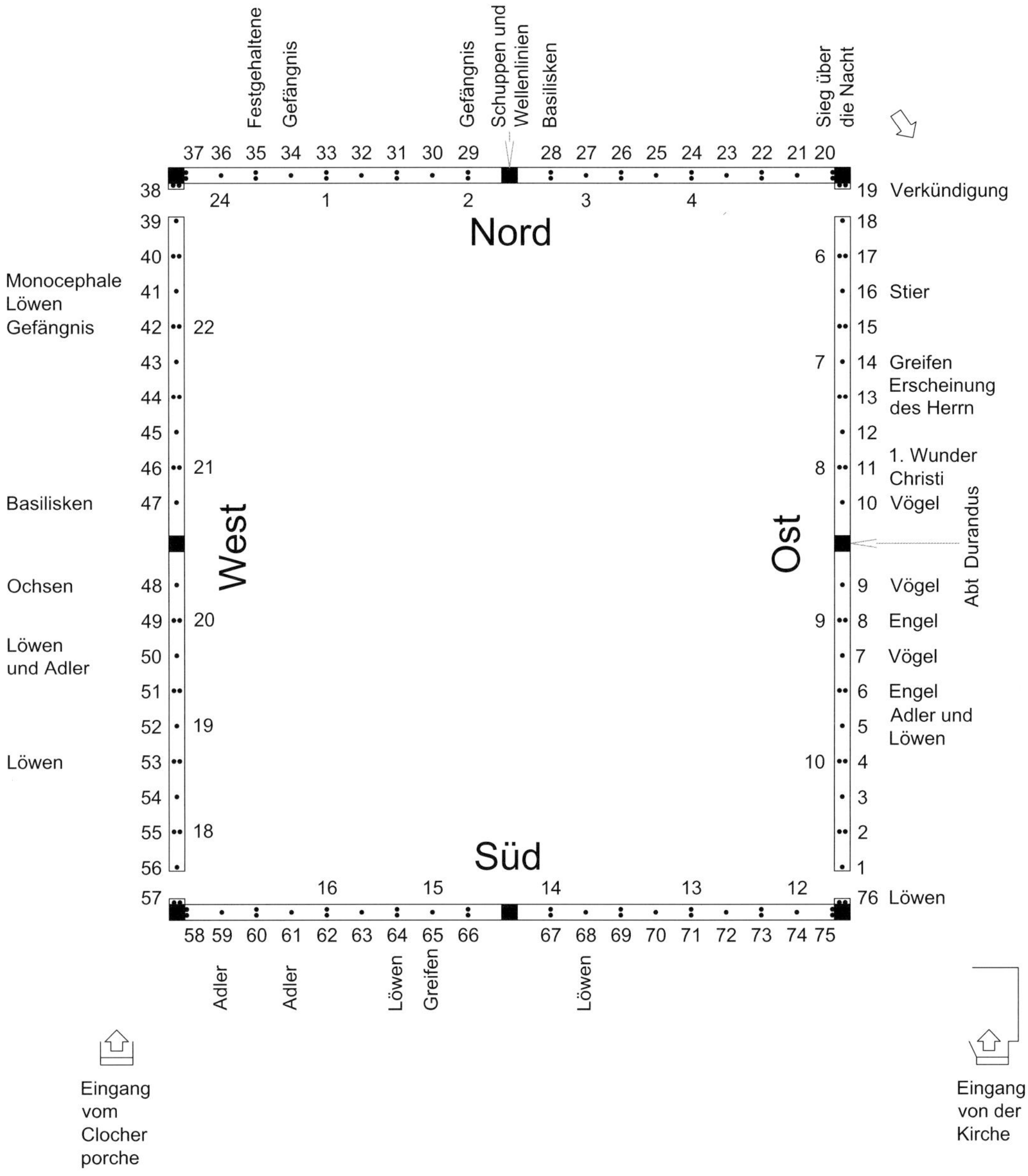

Planskizze „Die Stunden des Tages“

Mittelalters Orte der Finsternis, der Pein und der Folter, die als „Nacht des Lebens“ bezeichnet wurden. So sind hier gleich drei Bilder von Gefängnissen zu sehen: „Daniel in der Löwengrube“ (42), die „drei Jünglinge im Feuerofen“ (34) und nochmals „Daniel in der Löwengrube“ (29). Auch kommt in diesem Teil des Kreuzgangs das Thema des Festhaltens immer wieder vor. Zum Beispiel werden auf dem Kapitell 35 „Tagtiere“ wie Hähne und Hunde festgehalten. Auch auf dem eben besprochenen Kapitell 29 werden am Echinus Adler von Menschen festgehalten und Menschen von Greifen attackiert. Auf Kapitell 28 tauchen am Echinus Basilisken, typische „Nachttiere“, auf. Ein weiteres Beispiel ist Kapitell 9: Vögel, die Menschenköpfe festhalten.

Kapitell 29,
Abbildung 32, Seite 174

Kapitell 35,
Abbildung 7, Seite 50

Kapitell 28,
Abbildungen 10 und 11,
Seiten 74 und 75

Kapitell 9,
Abbildung 25, Seite 136

Du sprichst ganz selbstverständlich von „Tagtieren“ und „Nachttieren“. Diese Begriffe kenne ich nicht.

Der mittelalterliche Mensch geht mit Tiersymbolen ganz zwanglos um. Die besonderen Lebensumstände der Tiere und die aus der Tradition überlieferten Kenntnisse über sie deutete der romanische Mensch symbolisch. Für sein Verständnis waren Löwe, Adler, Greif, Hahn und Hund „Tagtiere“, weil an ihnen Eigenschaften, die dem Tag zugeschrieben wurden, festgestellt werden konnten. So war der Löwe (zu bedenken ist auch das Sternzeichen) in allen Kulturen des Abend- und Morgenlandes auch ein Symbol für Hitze, grelles Licht und Sonne (wegen seiner gelben Mähne). Als König des Tierreichs

Abbildung 25: Kapitell 9, Gang- und Nordseite
Adler, die aus pflanzlichen Formen gebildet werden, halten Menschenköpfe fest.

vertrieb er machtvoll die Tiere der Dunkelheit und des Bösen. Der Adler schwingt sich in luftige Höhen, ins Licht hinauf, und überblickt die Erde mit scharfem Auge. Er fliegt seit Urzeiten den Sonnengöttern voraus. Der Greif als Mischwesen aus Löwe und Adler vereint die Eigenschaften beider. Der Hahn verkündet den frühen Morgen und die Ankunft des Lichts und der Hund folgt der Leben spendenden Sonne und verjagt den „Keiler des Winters und der Nacht".

Die Nacht/Finsternis versteht der Mensch der Romanik als Hort des Bösen. Wesen, die in sich „böse Eigenschaften" tragen, gelten daher als „Nachttiere". So alle dämonischen Wesen wie Basilisken,
Mt 25,32-33 Harpyien, Drachen oder Schlangen, aber auch Böcke und Stiere, denen Eigenschaften wie Rohheit, Gewalttätigkeit, Zügellosigkeit und unbändige Sexualität zugeschrieben wurden. Mithras, der am 6. Jänner geboren wurde, tötete den Stier und übernahm damit im Frühjahr die Herrschaft. Auch Fische, die in der Dunkelheit des Meeres leben, sind Symbole für die Nacht.

Was wir noch nicht besprochen haben, ist die Angst des romanischen Menschen vor dem Weltmeer. Für ihn war es der Raum, der die Erde begrenzt und in dem bösen Wesen leben, die aus dem Meer aufsteigen, um uns Menschen zu bedrohen. Weltmeer und Nacht sind Symbole für Räume, in denen Böses haust. Daher trägt der Pfeiler in der Mitte des Nordtraktes (Mitternacht) als Zeichen des Meeres die Wellen und am Echinus des Kapitells 21 kommt das Zeichen der Fische vor.

Abbildung 26: Kapitell 47, Nordseite
Nackte, hilflose Menschen halten sich Basilisken (Vogelwesen mit langen Schlangenschwänzen) vom Leib, ein in der Romanik durchaus übliches Symbol für den Kampf des Menschen gegen das Böse/die Nacht. Der Echinus zeigt eine Reihe von sechs Medaillons, in die verschiedene Blüten gesetzt sind. Auf den Schmalseiten sind es vier, so dass auf jeweils zwei Seiten in Summe zehn Blütenmedaillons zu sehen sind. Den Abakus ziert eine Reihe von 27 Ovalen, von denen sich jeweils zwei zu einem Kreis schließen. An den Schmalseiten sind es je 20 Ovale, was in Summe 47 ergibt, die Zahl, die die Stellung des Kapitells im Kreuzgang angibt. Aus den Zahlen könnte folgende Botschaft abgelesen werden: Wer sich standhaft das Böse vom Leib hält, also nach dem Gesetz (zehn) lebt und an Gott (die Trinität: $3^3 = 27$ Ovale) glaubt, wird gerettet werden. Auf den Schmalseiten (hier nicht zu sehen) enden die Bänder der Spiralen, die die Medaillons bilden, in Vogelköpfen.

Erkläre mir doch bitte ein paar Begriffe genauer! Der Greif bezeichnet, wie du sagtest, ein Mischwesen. Was aber ist ein Basilisk? Und monocephal hast du vorhin in Verbindung mit Löwen und Adlern genannt.

Diese drei Begriffe sind ganz wichtig in der mittelalterlichen Symbolik. Der Greif ist ein großer Vogel mit Adlerkopf, löwenartigem Körper, vier Füßen und zwei mächtigen Flügeln. Da er die Eigenschaften von Adler und Löwe in sich vereint, ist er im christlichen Verständnis ein Symbol für Jesus (Gott und Mensch). Der Mensch der Romanik war überzeugt, dass es dieses Wesen am Rande der Welt gibt, ebenso wie den Basilisken. Der Basilisk ist ein Mischwesen aus Vogel (Hahn) und Schlange und stellt das schrecklichste und furchterregendste Wesen dar, das der Mensch damals kannte. Er symbolisiert stets das Böse. Manchmal ist die Verwechslung mit einem Drachen möglich.

Beispiel: Kapitell 28, Abbildung 11, Seite 75

Monocephal heißt einköpfig. Monocephale Wesen besitzen zwei Körper und einen gemeinsamen Kopf. Sie symbolisieren den Zerfall der von Gott geschaffenen Einheit in die Dualität dieser Welt und gleichzeitig die Hoffnung, durch Gott wieder in die Einheit zurückkehren zu dürfen. Sie waren für den romanischen Menschen keine Realia, sondern immer schon Symbole.

Beispiel: Kapitell 41, Abbildung 27, Seite 140

Ich bin schon neugierig, welchen Weg wir nun suchen werden. Du hast angedeutet, dass es auch den „Weg durch das Kirchenjahr" geben könnte.

Abbildung 27: Kapitell 41, Nordseite
Auf dem Vogelkapitell (die Vögel sind an den Ecken mit „AVES“ bezeichnet) befinden sich am Echinus Löwen, die an den Ecken nur einen gemeinsamen Kopf haben. Es handelt sich hier um monocephale (einköpfige) Wesen, die für den „Zerfall“ des Körpers in eine dem Weltlichen und in eine dem Geistigen zugewandten Seite stehen. Auch bei ihnen ringeln sich die Schwänze jeweils um einen Schenkel nach hinten.

Ich bin davon überzeugt, dass die Mönche den Kreuzgang auch als liturgischen Gang durch das Kirchenjahr aufgefasst haben und es daher Zeichen geben muss, die uns diesen Weg nachvollziehbar machen können. Versuchen wir den Jahreslauf im Kreuzgang aufzuspüren.

Ich bin gespannt, wo wir den Beginn des Jahres ansetzen.

Das ist auch wirklich etwas problematisch, weil damals in vielen Gegenden der Anfang des Jahres variierte. Am gebräuchlichsten war der Jahresanfang zu Frühlingsbeginn, also zu Beginn des Sternzeichens „Widder". Auch in Südfrankreich war dieser Jahresanfang durchaus üblich.

Kapitell 20, Abbildung 24, Seite 132

Wenn wir Kapitell 20 als Frühlingsbeginn und Beginn des Sternzeichens Widder auffassen, können wir im Uhrzeigersinn, also mit dem Sonnenlauf, dem Jahreskreis nachgehen. Die 120 Säulen (116 Säulen + 4 Mittelpfeiler) sind auf die zwölf Tierkreiszeichen aufzuteilen; für jedes Zeichen sind somit zehn Säulen (mit den Mittelpfeilern) zu zählen. Auf diese Weise kommen die wichtigen Daten des Sonnenlaufes auf den Eckpfeilern mit den Apostelreliefs zu liegen:
das Frühlings-Äquinoktium (Tagundnachtgleiche) auf den Nordost-Pfeiler, die Sommer-Sonnenwende auf den Südost-Pfeiler, das Herbst-Äquinoktium auf den Südwest-Pfeiler und die Winter-Sonnenwende auf den Nordwest-Pfeiler.
Jeder Arm des Kreuzgangs erhält somit drei dem Sonnenlauf zugeordnete Tierkreiszeichen: der Frühling (Widder, Stier und Zwillinge)

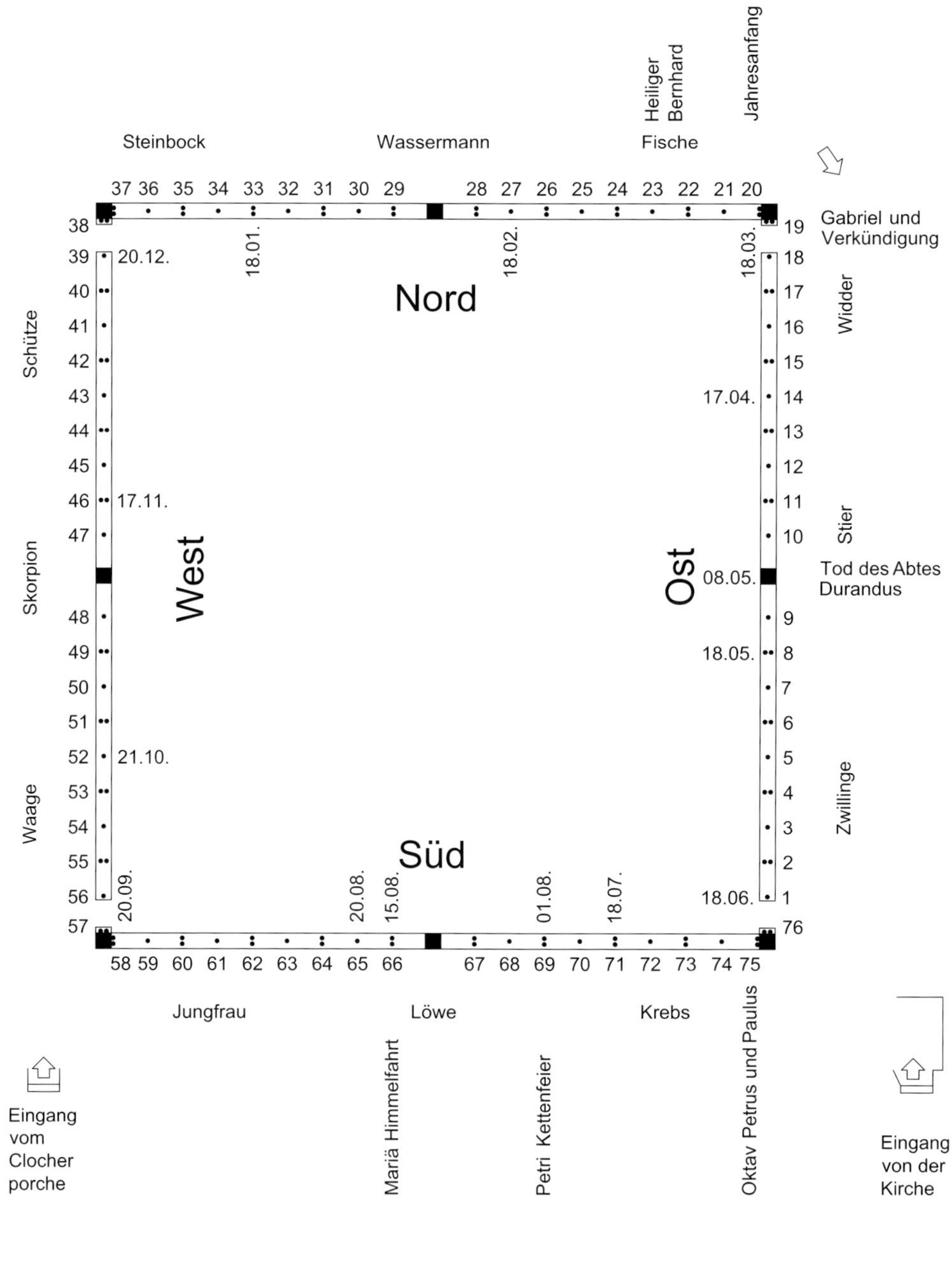

Planskizze „Der Jahreslauf"

den Osten, der Sommer (Krebs, Löwe und Jungfrau) den Süden, der Herbst (Waage, Skorpion und Schütze) den Westen und der Winter (Steinbock, Wassermann und Fische) den Norden.

So erscheinen einige Kapitelle mit ihren Inhalten an Plätzen, die dem Jahreskreis genau entsprechen. „*Die zwölf Monatszeichen* [Tierkreiszeichen] *und der Eintritt der Sonne in sie sind nach den Angaben des mittelalterlichen Kalenders etwas früher anzusetzen als heute*“, so Hermann Grotefend. Daher beginnen die Monatszeichen frühestens am 18. März und es ergibt sich für unseren Weg eine Unschärfe von ein bis zwei Säulen, was wir aber bei unseren Betrachtungen außer Acht lassen werden.

Hermann Grotefend: Taschenbuch der Zeitrechnung des deutschen Mittelalters und der Neuzeit. Hannover, Hahnsche Buchhandlung, 1991, Seite 15.

Wir fangen das Jahr mit Kapitell 20, mit dem apokalyptischen „Kampf Michaels mit dem Drachen“, an. In der Offenbarung des Johannes wird der Drache, Symbol für Nacht, Winter und Sünde, besiegt. „*Jetzt ist gekommen die Rettung und die Macht und die Herrschaft unseres Gottes und die Vollmacht seines Gesalbten*“. In der Mitte des Kapitellkorbes steht Johannes, der Empfänger der Offenbarung, mit erhobenen Händen. Das Kapitell befindet sich auf jenem Pfeiler, auf dem Johannes, der Verfasser der Apokalypse, dargestellt ist und auf den sich auch das folgende Adlerkapitell bezieht. Damals galt die vorherrschende Meinung, dass die Offenbarung (die Apokalypse) von Johannes, dem Evangelisten, verfasst worden sei. Heute sind Bibelwissenschafter der Meinung, dass der Verfasser des Johannesevangeliums und der der Apokalypse nicht ident sind.

Offb 12,10

Offb 12,7-12

Kapitell 19 steht für den 24. März, an dem das Fest des Erzengels Gabriel, der zu Maria als Bote kommt, gefeiert wird. Tags darauf, am 25. März, begeht die katholische Kirche das Fest „Mariä Verkündigung“.

Kapitell 19, Abbildung 15, Seite 89

Der Mittelpfeiler der Ostgalerie mit dem Relief des Abtes Durandus befindet sich genau an der Stelle für den 8. Mai. Der Todestag des Abtes ist für den 8. Mai 1072 überliefert. Das war eine der erfreulichsten Entdeckungen für meine Idee, das Kirchenjahr als Weg durch den Kreuzgang zu suchen.

Thorsten Droste, Anmerkung 45.

Die Kapitelle 74 bis 1 breiten den Festkreis der beiden Apostelfürsten bis zum 6. Juli aus. Am 29. Juni wird das Fest Petrus und Paulus gefeiert. Die Kapitelle „Die Gefangenschaft und Befreiung Petri aus dem Kerker“ mit dem Text des Introitus des Festes (74) und die „Taufe Christi“ (75), bei der Petrus als Zeuge abgebildet ist, gehören hierher. Am Oktavtag des Festes der Apostel Petrus und Paulus, dem 6. Juli, wird nochmals besonders an Petrus gedacht.

Kapitell 74, Abbildung 39, Seite 199

Manchmal zeigen Tierabbildungen die Tierkreiszeichen an, in denen wir uns gerade befinden, so zum Beispiel die Löwen jeweils auf dem Echinus der Kapitelle 68 und 64, oder die eigenartigen Ornamente auf dem Echinus von Kapitell 53, die an das Tierkreiszeichen der Waage erinnern, dessen Ende mit diesem Kapitell markiert wird. Ein weiteres Beispiel ist Kapitell 21, wo am Echinus Fische in der Form der Tierkreiszeichen abgebildet sind. Das Kapitell steht am Ende des Tierkreiszeichens der Fische.

Löwen auf Kapitell 68

Zeichen für das Sternzeichen Waage auf Kapitell 53

Fische auf Kapitell 21

Der Introitustext für den zehnten Sonntag nach Pfingsten verwendet den 54. Psalm. Der zehnte Sonntag nach Pfingsten fällt in manchen Jahren in die Zeit, die das zweite Kapitell mit dem Text des 54. Psalms repräsentiert.

Kapitell 69 steht für den 1. August, den Tag, an dem damals Petri Kettenfeier gefeiert wurde: Auf diesem Kapitell wird die Geschichte

Lk 7,1-10

des Hauptmanns von Kafarnaum erzählt. Als Zeuge steht Petrus mit

dem Schlüssel neben Christus, was nicht aus dem Evangelium hervorgeht. Daher kann das nur ein Bezug auf sein Fest sein.
Kapitell 66 zeigt das „himmlische Jerusalem“. Das ist ein Hinweis auf den 15. August, an dem „Marias Aufnahme in den Himmel“ gefeiert wird. Sie wird an diesem Tag zur Königin des „himmlischen Jerusalems“.
Für Kapitell 58 mit „der Hinrichtung Johannes des Täufers“ (für das Fest der Enthauptung des Johannes am 29. August wäre das Kapitell hier etwas zu früh angebracht) könnte der Festtag der Verkündigung an Zacharias, der 23. September, stehen. Seine Frau Elisabet war unfruchtbar und an diesem Tag brachte Erzengel Gabriel Zacharias Lk 1, 10-20
die Botschaft, dass er trotz des hohen Alters seiner Frau noch einen Sohn (Johannes den Täufer) bekommen werde. Interessant ist, dass sich das Kapitell mit der „Verkündigung an Maria“ genau schräg gegenüber von Kapitell 19 befindet. Die Verkündigung an Zacharias ist eine Präfiguration der Verkündigung an Maria.

Das ist wirklich erstaunlich. Wurden die Feste damals schon an den Tagen gefeiert, an denen sie heute bei uns gefeiert werden?

Wann im Laufe der Geschichte der Eintritt eines Festes in den Kreis des Kirchenjahres beginnt, ist oftmals schwer belegbar. Am heikelsten ist die Frage des Festes „Mariä Himmelfahrt“ am 15. August. Es ist aber nachweislich in der römischen Kirche im 10. Jahrhundert schon an diesem Tag gefeiert worden. Alle anderen Feste gab es auch schon an den jeweils genannten Tagen.

Wenn wir im Kreuzgang durch das Kirchenjahr gehen können, wird es doch auch Bezüge zur Liturgie und zum Evangelium geben, wodurch das Kirchenjahr überhaupt erst verständlich wird.

Viele liturgische Bezüge und solche auf das Evangelium lassen sich feststellen. So zum Beispiel auf Kapitell 6, das „die Fußwaschung" zeigt. Es ist durchaus möglich, dass die liturgische Fußwaschung in der Karwoche im Ostflügel, also zu Füßen dieses Kapitells, durchgeführt wurde. An anderen Tagen wurde sie in dem sogenannten Kollationsflügel (dem Refektoriumsflügel gegenüberliegend), vorgenommen. Die Fußwaschung (lateinisch „mandatum") verlangte von den Mönchen Demut, Unterwerfung und Hingabe an den Nächsten. Solch eine Einstellung wurde als Voraussetzung für die Erlangung der ewigen Seligkeit, wie sie am Echinus verheißen wird, angesehen. Hier erscheinen Clipeus tragende Engel, Zeichen für den Triumph Christi und für das Aufsteigen in den Himmel.

Joh 13,1-20

Kapitell 6, Abbildung 19, Seite 103

Kapitell 29, Abbildung 32, Seite 174

Eine ähnliche Situation finden wir bei Kapitell 29 mit dem Thema „Daniel in der Löwengrube", an dem einst das Brunnenhaus ansetzte. Die Löwengrube steht einerseits typologisch für die Auferstehung des Herrn und gibt andererseits den Hinweis darauf, dass sich die Mönche, die von hier aus in das Refektorium, den Speisesaal, eintraten, nicht um die irdische Nahrung sorgen sollen. Denn, so wie Habakuk Daniel in der Löwengrube auf Geheiß Gottes die notwendige Nahrung brachte, wird sich Gott um die Nahrung der Mönche kümmern.

Dan 14,33-39

Abbildung 28: Kapitell 37, Ost- und Gangseite
Das Kapitell, das sich auf dem Nordwest-Pfeiler befindet (an der Stelle, wo sich das Brunnenhaus befand), zeigt „Jesus und die Samariterin am Brunnen". Ganz rechts steht die Frau, die mit einem Eimer, der an einem Seil hängt, Wasser aus dem Brunnen schöpft. Jesus steht vor ihr, hält die Rechte zum Segensgestus und zeigt mit der Linken hinauf zum Himmel, um ihr zu sagen, woher das „lebendige Wasser" unserer Erlösung kommt. Hinter ihm steht ein Engel, der die Gesten des Herrn nachahmt, sie als Zeuge bestätigt. Dahinter kommen drei Jünger, die die Nahrungsmittel bringen, wie es die Heilige Schrift (Joh 4,7-30) erwähnt. Auch sie zeigen zum Himmel, sind also ebenfalls Zeugen des Geschehens.

Kapitell 37, Abbildung 28, Seite 148

Das 37. Kapitell, „Jesus und die Samariterin“, befindet sich an der Ecke, wo sich einst das Brunnenhaus des Kreuzgangs befand. Das stellt einen Hinweis auf das Wasser des Lebens dar, denn Jesus sprach zu der Samariterin: „*Wer von diesem Wasser trinkt, wird wieder durstig sein; aber wer von dem Wasser trinkt, das ich ihm geben werde, wird nicht mehr durstig sein, vielmehr wird das Wasser, das ich ihm gebe, in ihm zur Quelle werden, die Wasser für das ewige Leben ausströmt.*“

Joh 4,13-14

7 x 8 = 56, eine besonders heilige Zahl, deren Faktoren 7 und 8 von Augustinus als Zeichen für die Vergeistigung des Leibes aufgefasst wurden. Siehe Meyer/Suntrup, Spalte 749.

„Die Himmelfahrt Alexanders“ auf dem 56. Kapitell ist eine Präfiguration der Himmelfahrt Christi und wird mehrfach in der romanischen Kunst als solche dargestellt, wie zum Beispiel auf der Patera (Opferschale), die an der Nordfassade von San Marco in Venedig eingemauert ist.

Kann die „Himmelfahrt Alexanders“ nicht auch als Zeichen für grenzenlosen Hochmut und Übermut verstanden werden?

Doch, sie wird auch oft in den Darstellungen der Zeit so verstanden. Das ist wieder ein Beispiel für die Doppeldeutigkeit der Symbole in der Romanik.

Eine Stelle aus dem Alten Testament zitiert das 62. Kapitell (62 = 2 x 31, und 31 ist eine negativ besetzte Zahl), das die Geschichte Daniels am Hofe Nebukadnezars erzählt. Am Abakus wird sogar die entsprechende Schriftstelle angedeutet: „*Ist das nicht das großartige Babel, das ich durch meine gewaltige Macht als Königsstadt erbaut*

Abbildung 29: Kapitell 70, Hofseite
Das Kapitell zeigt das Gleichnis vom barmherzigen Samariter (Lk 10,30-37). Die Szene ist stark verwittert und mit schwarzen Flechten überzogen. In einer Toröffnung steht grüßend der Wirt. Der barmherzige Samariter erhebt die Rechte ebenfalls zum Grußgestus und bringt das Opfer des Überfalls, ganz links außen kaum mehr zu erkennen, zu ihm.
Am Echinus sind Vögel und Vierbeiner mit Vogelköpfen – auf den anderen Seiten auch menschliche Gestalten – in Rankenwerk verwoben. Am Abakus steht die Inschrift, die das Geschehen erklärt: „CVRAM ⁝ ILLIVS ⁝ hABЄ ⁝“. Bei „CVRAM“ wurde das „V“ in das „C“ integriert, bei „ILLIVS“ das „I“ in das „L“.

habe, zum Ruhm meiner Herrlichkeit? Noch hatte der König diese Worte auf den Lippen, da rief eine Stimme vom Himmel: Dir, König Nebukadnezar, sei gesagt: Die Herrschaft wird dir genommen! Man wird dich aus der Gemeinschaft der Menschen ausstoßen. Du musst bei den wilden Tieren leben und dich vom Gras ernähren wie die Ochsen. So werden sieben Zeiten über dich hingehen, bis du erkennst, dass der Höchste über die Herrschaft bei den Menschen gebietet und sie verleiht, wem er will."

Dan 4,27-29

Lk 10,30-35

Auf dem 70. Kapitell wird das Gleichnis vom barmherzigen Samariter bildlich geschildert. Auf dem Abakus ist ein erklärender Text aus dem Evangelium eingemeißelt. Auf dem besonders kunstvoll gestalteten Echinus sind in Pflanzenranken Menschen, Vögel und Fabelwesen ineinander verschlungen. Das stellt ein sehr häufig verwendetes romanisches Motiv dar, das die Verschlingung des Menschen in das Irdische (die Sünde) symbolisieren soll. Es wird gezeigt, was getan werden soll, um von dem Irdischen/Sündhaften loszukommen. „*Was meinst du: Wer von diesen dreien hat den Mann, der von den Räubern überfallen wurde, wie seinen Nächsten behandelt? Der Gesetzeslehrer antwortete: Der, der barmherzig war und ihm geholfen hat. Da sagte Jesus zu ihm: Dann geh hin und handle genauso!*"

Lk 10,36-37

Mt 3,13-17; Mk 1,9-11; Lk 3, 21-22

Das Doppelkapitell mit der Taufe Christi befindet sich auf dem Pfeiler mit dem Paulus-Relief. Es ist sicher bewusst hier angebracht worden, war es doch Paulus, der die Worte über die Taufe sagte: „*Wißt ihr denn nicht, daß wir alle, die wir auf Christus Jesus getauft wurden, auf seinen Tod getauft worden sind? Wir wurden mit ihm begraben durch die Taufe auf den Tod; und wie Christus durch die Herrlichkeit des Vaters von den Toten auferweckt wurde, so sollen auch wir als neue Menschen leben.*“ Dieser Gedanke kommt dadurch zum Ausdruck, dass die zwei Engel, die als Zeugen an den beiden Schmalseiten stehen, sich direkt auf das Erlösungswerk Christi beziehen. Der eine auf der Gangseite hält ein Kreuz in der Hand und der andere ein offenes Buch, das Neue Testament.

Röm 6,3-4

Das letzte Kapitell in der Reihe zeigt Simson (oder Samson), wie er den Löwen bezwingt: „*Simson ging mit seinem Vater und seiner Mutter nach Timna. Als sie an den Weinbergen von Timna vorbeikamen, stand plötzlich ein brüllender junger Löwe vor ihnen. Da kam der Geist des Herrn über Simson, und Simson zerriss den Löwen mit bloßer Hand, als wäre es ein Ziegenböckchen.*“ Simson ist eine wichtige Präfiguration für Christus, der das Böse endgültig besiegt hat, und gleichzeitig ist das letzte Kapitell für die musikalische Verschlüsselung von besonderer Wichtigkeit, weil es den Grundton der Melodie anzeigt.

Kapitell 76, Abbildung 31, Seite 172

Ri 14,5-7

Programmschema

Abfolge der Säulen mit dem entschlüsselten musikalischen Programm

1. Zeile: Nummer der Säule, daher auch fortlaufende Nummer des Tones des Introitus „Nunc scio vere".
2. Zeile: Sujet (Bildmotiv) des Kapitellkorbes.
3. Zeile: Tonsymbol, das im Kapitell (meist am Echinus) zu finden ist:

   G (Grundton des Systems) = Pfau, Greif, Engel, symbolisiert den Ton „**d**"

   O = Opfer, Leiden, Stier, Ziege, Taube, besiegter Löwe oder Drache, symbolisiert den Ton „**e**"

   S = Sieg, Löwe, Fabeltier, symbolisiert den Ton „**f**"

   E = Engel, Pfau, Kranich, Greif, symbolisiert den Ton „**g**"

   V = Vogel, Engel, symbolisiert den Ton „**a**"

   P = Pferd, Fisch, symbolisiert den Ton „**h**"

   A = Adler, symbolisiert den Ton „**c**"
4. Zeile: der dem Symbol entsprechende Ton.
5. Zeile: Melodie, wie sie im 11. Jahrhundert in der Gegend von Moissac gesungen wurde (in moderner Notenschrift).
6. Zeile: Text des Introitus „Nunc scio vere".
7. Zeile: Anfangsbuchstaben der Wörter des Textes, wie sie auf Kapitell 74 verzeichnet sind.
8. Zeile: Laufende Nummer des entsprechenden Kapitells.

153 - 162

Durchgang

Jakobus der Ältere
Johannes

16	17	18	19	20	21	22	23	24	25	26	27	28	29	30	31	32	33	34	35	36	37	38	39	40	4
zu Kana	Weinblätter	Anbetung der Könige	Bethlehemitischer Kindermord	Palmblätter	Akanthus		Heiliger Saturninus	Akanthus		Drei spanische Heilige	Verkündigung	Heimsuchung	Kampf der Engel	gegen den Satan	Vier Adler	Pflanzenkapitell		Heiliger Benedikt	Acht Vögel		Petruswunder	Weinranken		Vier Engel	Der wunderbare
				A						E	E	E	E	E	P	E	S		V	V		P	E	E	S
				c						g	a	a	a	a	h	g	f		a	a		h	g	g	f

a	mi	-	-	-	sit	Do	-	-	mi	-	-	nus	-	An	-	ge	-	-	-	lum	su	-	-	-	-
	M					D								A											
11	12	13		14	15		16	17		18	19		20		21	22		23	24		25	26		27	

Durchgang

Abt Durandus

Nummerierung der Töne	1	2	3	4	5	6	7	8	9	10	11	12	13	14	15
Sujet des Kapitells	Martyrium Petri und Pauli	"Im Anfang war das Wort"	"arabisierend"	Adam und Eva	Akanthus		Heiliger Laurentius	Fußwaschung Petri	und aller Apostel	Palmblätter	Der reiche Prasser	und der arme Lazarus	Adler	Vögel und Menschen	Hochzeit
Tonsymbol	S	S	S	E			O	E	E	V	A		A		
entsprechender Ton	f	f	f	d			e	g	a	a	c		c		
Melodie															
Text	Nunc	-	-	-	-	-	-	sci	o	ve	-	-	-	re	qui
Buchstabe auf Kapitell 74	N							S		V					Q
Nummerierung der Kapitelle	1	2		3	4		5	6		7	8		9	10	

Ost

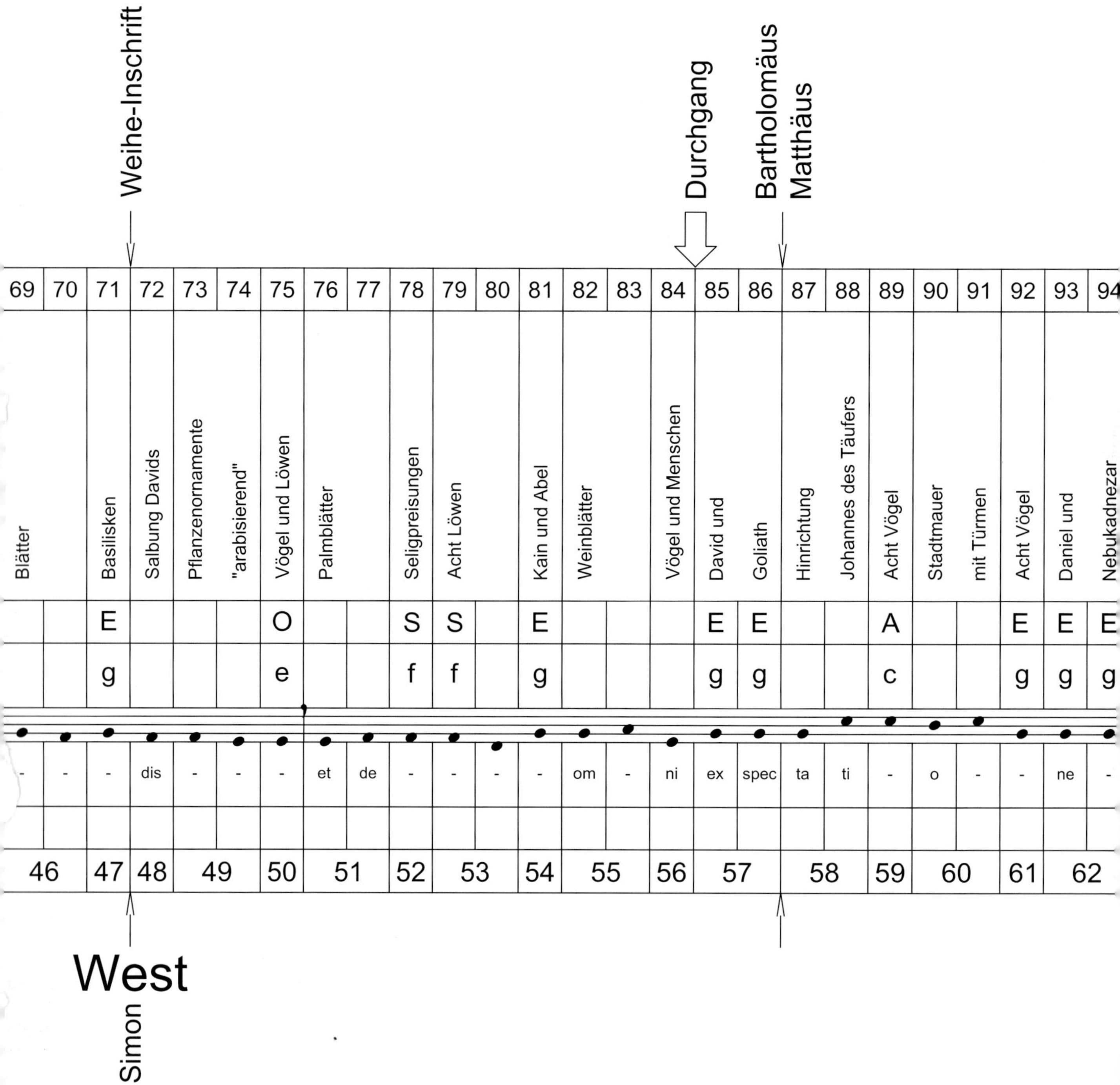
Weihe-Inschrift
Durchgang
Bartholomäus
Matthäus
69 70 71 72 73 74 75 76 77 78 79 80 81 82 83 84 85 86 87 88 89 90 91 92 93 94
Blätter
Basilisken
Salbung Davids
Pflanzenornamente
"arabisierend"
Vögel und Löwen
Palmblätter
Seligpreisungen
Acht Löwen
Kain und Abel
Weinblätter
Vögel und Menschen
David und
Goliath
Hinrichtung
Johannes des Täufers
Acht Vögel
Stadtmauer
mit Türmen
Acht Vögel
Daniel und
Nebukadnezar
E O S S E E E A E E E
g e f f g g g c g g g
dis et de om ni ex spec ta ti o ne
46 47 48 49 50 51 52 53 54 55 56 57 58 59 60 61 62
West
Simon

Abkürzungen für die Tonsymbole:

G = Pfau, Greif (Grundton des Tonsystems) = d
O = Opfer: Stier, Ziege, Lamm, Taube, unterlegene Wesen = e
S = Sieg: Löwe, Fabeltier = f
E = Engel, Vögel = g
V = Singvögel, Engel = a
P = Pferd, Fisch = h
A = Adler = c

leer (→ 101) | Paulus Petrus (→ 115) | Durchgang (→ 116)

95	96	97	98	99	100	101	102	103	104	105	106	107	108	109	110	111	112	113	114	115	116
Heiliger Stephanus	Akanthus		David und seine Musiker	Himmlisches	Jerusalem	Apokalypthische	Szene	Vier Evangelisten	Zwei Wunder	Christi	Barmherziger Samariter	Versuchungen	Christi	Johannesvision	Verklärung	Christi	Befreiung Petri	Taufe	Christi	Simson bezwingt	den Löwen
			G			O	S	O	G	S	V	E	E	O	O	E	S	E	S	O	O
			d			e	f	e	d	f	a	g	g	e	e	g	f	g	f	e	e
le	-	-	-	-	-	-	-	bis	-	Ju	-	-	dae	-	o	-	-	-	rum	-	-
63	64		65	66		67		68	69		70	71		72	73		74	75		76	

Süd (→ 101)

Schuppen

Andreas Philippus

Durchgang

43	44	45	46	47	48	49	50	51	52	53	54	55	56	57	58	59	60	61	62	63	64	65	66	67	68
Daniel in der	Löwengrube	Kreuzritter	Pflanzenornamente	"arabisierend"	Vier Evangelisten	Vögel		Jünglinge im Feuerofen	Heiliger Martin	von Tours	"arabisierend"	Jesus und die	Samariterin	Abraham opfert	Isaak	Triumph des Kreuzes	Akanthus		Vögel	Verkündigung an die Hirten	Daniel in der Löwengrube	Palmzweige	Diabolische	Wesen	Erweckung des Lazarus
S	S	O						E	E	E		E	E	E	E	V			S	E					O
f	f	e						g	g	g		a	a	g	g	a			f	g					e
um	-	-	-	et	e	ri	-	-	pu	it	-	-	-	me	de	-	ma	nu	He	-	-	-	-	-	ro
				E															H						
29		30	31		32	33		34	35		36	37		38		39	40		41	42		43	44		45

rd

Die musikalische Verschlüsselung

Jetzt sind wir endlich beim Thema, obwohl du mit deiner aufregendsten Entdeckung sehr zurückhaltend umzugehen scheinst. Ich habe von dir bisher nur wenig über die musikalische Ausdeutung des Kreuzgangs gehört. In diesem Kreuzgang sollen die Töne eines Chorals versteckt sein?

Da muss ich doch etwas weiter ausholen und dir kurz beschreiben, wie ich überhaupt auf die Idee gekommen bin. Die bisher behandelten Deutungen erschienen mir noch nicht umfassend genug. Vor Jahren fiel mir das Buch „*Singende Steine. Rhythmus-Studien an drei romanischen Kreuzgängen*" von Marius Schneider in die Hände. Darin versucht er nachzuweisen, dass in den Kapitellen der betreffenden Kreuzgänge Melodien oder Heilsprogramme verschlüsselt sind. Da war mir schnell klar, dass ich versuchen würde, auch in Moissac nach einer musikalischen Deutung des Kreuzgangprogramms zu suchen. Musikalische Verschlüsselungen sind für romanische Kreuzgänge besonders plausibel, da in den Klöstern der Zeit, insbesondere in den cluniazensischen, die Musik oder vielmehr der Gesang in der Liturgie die größte Rolle spielte.

Schneider geht bei seiner Entschlüsselung von der Annahme aus: „[...] *daß der Ort, den jedes einzelne Kapitäl* [!] *innerhalb der Säulenfolge der drei hier analysierten Benediktinerkreuzgänge* [Sant Cugat del Vallès bei Barcelona, Girona und Ripoll] *jeweils einnimmt, niemals ein zufälliger ist, sondern stets durch einen musikalischen oder ideologischen Ganzheitsrhythmus bestimmt* [wird]."

Marius Schneider, Seite 10.

In allen alten Kulturen (Ägypter, Inder, Assyrer, Babylonier, Azteken, Inkas) waren Bildnisse zu Stein gewordene Gedanken, die zumeist auf Rituale hinwiesen. Zu jedem Ritual gehörte der Klang, das Wort, die Sprache. Die Entstehung der Welt wird in fast allen Kulturen „aus singender Ursprache" erklärt (in der christlichen: *„Im Anfang war das Wort"*). Sehr bald wurde damit begonnen Klänge „abzubilden". Das führte bei den Indern schließlich dazu, dass Tönen bestimmte Tiersymbole zugeordnet wurden, wobei die Charakteristik des Tons das Wesen des Symbols bedingte. *„Die Tiere vermitteln zwischen den Göttern und den Sterblichen, weil ihre Lautäußerung* [im Indischen „der Schrei"] *der Ursprache nähersteht als die artikulierte Rede des Menschen. Daher ist auch nur den Priestern und Helden, die die Sprache der Tiere verstehen, ein tieferer Einblick in die akustische Natur der Dinge vergönnt"*, so Schneider. In der Spätantike kamen diese Erkenntnisse über die Griechen in das Abendland.

Marius Schneider, Seite 19.

Ist denn das nicht reine Spekulation? Lässt sich das auch beweisen?

Beweisführung aus schriftlichen Quellen gibt es meines Wissens keine. Beweisen lassen sich lediglich die indischen Grundlagen, alles andere muss erschlossen werden. Weil diese Zuordnungen nicht, wie zum Beispiel in der Malerei, auf heute noch nachvollziehbare künstlerische Konventionen zurückzuführen sind, mögen sie auf den ersten Blick willkürlich erscheinen. Die geringe Anzahl der erhaltenen relevanten Baudenkmäler erschwert zudem die „Beweisführung"; dennoch zeichnen sich die drei von Marius Schneider erforschten Beispiele durch eine hohe Stichhaltigkeit aus. Die Kapitelle von Moissac sind, wie sich zeigen wird, ein weiteres Indiz für die Richtigkeit der Schneider'schen Thesen.

Ist denn bei deiner Suche (und bei der von Marius Schneider) wenigstens die Trefferquote so hoch, dass wir den Zufall ausschließen können?

Sonst hätte ich nicht weiter gemacht. Im 11. Jahrhundert bestanden Kontakte des Klosters Moissac zur katalanischen Diözese Girona, was es verständlich macht, dass die in Girona und Sant Cugat del Vallès verwendeten Tonsymbole schon vorher in Moissac bekannt und offensichtlich dort erstmals in dieser Weise verwendet worden waren.

Du hast also die Grundlagen für deine Erkenntnisse über Marius Schneider kennengelernt? Wie sehen sie aus?

Der Musikwissenschafter Marius Schneider stellte fest, dass die Töne der siebenstufigen Leiter in Indien durch Tiere symbolisiert wurden. Diese Symbole wurden beim Darstellen der Melodien in besagten Kreuzgängen verwendet.

Wir müssen also zunächst diese Symbole kennenlernen. Wenn ich das richtig verstanden habe, suchen wir nach Tiersymbolen, die wir als Töne, gleichsam als Notenzeichen deuten.

Ich zeige die Töne der Reihe nach auf, so wie sie die Tonartenlehre des Mittelalters kannte und verbinde sie mit den Tiersymbolen, wie sie aus dem Indischen kommen und offenbar hier in Moissac verwendet wurden.

Der 1. Ton, d, re:

Er ist bis ins Hochmittelalter der Grundton des Systems (**G**). Er wird durch den Pfau (Symbol für die erlöste, schöne Seele und den Herrn des Tonsystems) oder den Greifen dargestellt. Bei den Pythagoräern war das „d" der Ton der Sonne in der Reihe der Sphärenharmonie. Das „Musikerkapitell" 65 repräsentiert in Moissac diesen Ton.

(G) = die Abkürzungen der Tonsymbole, wie sie aus der Tabelle (siehe Seite 153ff) ersichtlich sind, stehen ab hier in Klammer. Siehe auch Abkürzungen.

Der Ton wird auf einem Kapitell der Chorumgangssäulen der Abteikirche zu Cluny (heute im Musée de Farinier in Cluny) durch einen jungen Mann dargestellt, der auf einer Laute spielt. Dort befindet sich für den ersten Ton die Inschrift: „*HIC TONVS ORDITVR MODVLAMINA MVSICA PRIMVS*" („Dieser Ton ist der erste, der

Zitiert nach Rupprecht, Bernhard/ Hirmer, Max: Romanische Skulptur in Frankreich. München, Hirmer, 1984, Dokumentation, Seite 107.

melodische Töne erzeugt"). In Cluny ist nicht der Einzelton gemeint, sondern der Modus, das Tongeschlecht, die Tonleiter, die sich auf diesem Ton aufbaut. Die unterschiedlichen Modi haben nach den Pythagoräern verschiedene Aussagekraft und wirken daher auch verschieden auf die Psyche des Menschen, was die Symbole, die auf das „Wesen" des Tones eingehen, verständlich macht.

Heißt das, dass wir aus dem Symbol, das wir auf den Kapitellen finden, auf die Eigenart des Tones schließen können, also auf laut und leise, kurz und lang, weich und hart?

Nein, so ist das nicht gemeint. Es ist so zu verstehen, dass jeder Ton innerhalb der mittelalterlichen Tonleiter (Modus) eine bestimmte Funktion hat.

Der Grundton, „d", ist der Herrscher; auf ihn baut sich die Tonleiter auf, er ist glanzvoll und hell. Der zweite Ton, „e", hat über sich einen Halbton und wird von diesem niedergedrückt. Er „leidet". *„Die Auffassung, daß der untere Ton eines Halbtonintervalls ein ‚beklagter Ton' ist* [...], *ist noch im 13. Jahrhundert belegt"*, so Marius Schneider. Der dritte Ton, „f", ist der Sieger über den unter ihm liegenden Ton. Der vierte Ton, „g", schwebt im gleichen Abstand zwischen zwei Tönen. Der fünfte Ton, „a", ist Hauptton (Tenor) der authentischen Tonart. Zu ihm entwickelt sich die Melodie und verweilt gelegentlich längere Zeit auf ihm. Der sechste Ton, „h", ist der

Marius Schneider weist auf Elias Salomonis: Gerbert, Scriptores ecclesiastici de musica. S. Blasien 1784, hin, Anmerkung 19.

labilste in dem Modus und der siebte, „c“, fliegt über die anderen hinaus.

Dann hat also der Modus, die mittelalterliche Tonleiter, mit unserem Dur/Moll-System nichts zu tun?

Richtig. Unter einem mittelalterlichen Modus wird eine diatonische Tonreihe verstanden, die auf einem bestimmten Ton aufgebaut ist, sodass Ganz- und Halbtonschritte eine bestimmte Lage einnehmen. Diese Anordnung der Ganz- und Halbtonstufen innerhalb der Tonreihe gibt dem Modus seinen ganz spezifischen Charakter, der durch den Grundton, den Ton, auf den er aufgebaut ist, symbolisiert werden kann. Zum Beispiel könnte ein Modus als glanzvoll oder klagend bezeichnet werden.

Die Tonart auf dem zweiten Ton, „e“, könnte als „leidende“ oder „klagende“ bezeichnet werden, die dann mit einem entsprechenden Symbol für Leiden, Klage oder Opfer gekennzeichnet ist.

So ist es gemeint. Doch bleiben wir bei den Tonsymbolen. Wir sind beim ersten Ton, „d“, stehen geblieben. Im Indischen heißt der Ton „ṣhadja“ (aus der Sechs geboren, der Schrei des Pfaues). Sein Symbol ist der Pfau.

Ausschnitt aus dem Echinus des Kapitells 30: Die Taube, das Opfertier der armen Leute.

Der 2. Ton, e, mi:

Wir könnten ihn den „leidenden“ Ton nennen, den Ton des Opfers (**O**), denn über ihm regiert ein Halbtonschritt zum „f“, „fa“. Er wird durch Opfertiere symbolisiert, den Stier, die Ziege, das Lamm, die Taube und alle unterlegenen, besiegten Tiere. Auf Kapitell 76 wird der bezwungene Löwe zum Zeichen für das „e“. Es ist besonders aufschlussreich, dass dies auch für die Kreuzgänge von Sant Cugat del Vallès bei Barcelona und Girona zutrifft, wo ebenfalls der Choral auf „e“ steht und die entsprechenden Kapitelle der Schlussnoten Simson, den Löwenbezwinger, zeigen. Die beiden Kreuzgänge hat Marius Schneider, der lange Zeit in Barcelona gearbeitet hat, entschlüsselt.

Beispiel: Kapitell 5, Abbildung 30, Seite 170

Kapitell 76, Abbildung 31, Seite 172

In Cluny sagt die Inschrift für die entsprechende Tonart: „TERTIVS IMPINGIT CHRISTVMQVE RESVRGERE FINGIT“ („*Der dritte Ton stellt die Leidensgeschichte und die Auferstehung Christi dar*“). Ein Mann spielt auf einem sechssaitigen Psalterium. Die plagale Tonart auf „e“ wird in Cluny als Tonart der Trauer bezeichnet, denn die Inschrift für die vierte Tonart besagt: „SVCCEDIT QVARTVS SIMVLANS IN CARMINE PLANCTVS“ („Es folgt der

Abbildung 30: Kapitell 5, Gangseite
Auf dem Kapitell mit dem „Martyrium des heiligen Laurentius" sind am Echinus auf der Gangseite zwei Ziegen (Opfertiere) zu sehen. Sie legen ihre beiden rückwärtigen Vorderhufe auf die fünfblättrige Pflanze in der Mitte und laben sich, in der Art wie Ziegen es tun, an dem Grün der Pflanze. Die beiden äußeren Vorderbeine sind verloren gegangen. Die Ziegen – es ist deutlich erkennbar, dass es Paarhufer sind – stehen jeweils vor einer dreiblättrigen Pflanze. Die Pflanzen an den Kapitellecken sind siebenblättrig. Alle Pflanzen stehen auf je drei Schollen, das für die Romanik typische Zeichen für Erdboden. Durch die Anzahl der Blätter (drei, fünf, sieben) ergibt sich folgende Zahlensymbolik: Drei, Symbol für die Trinität; Fünf, für die Freiheit und Sündhaftigkeit des Menschen; Sieben für die Gaben des Heiligen Geistes.

vierte Ton, der den Schmerz in Klängen nachempfindet"). Dargestellt ist ein junger Musiker in der Körperhaltung wie am Kreuz hängend. Er spielt das Tintinnabulum, das Instrument für das Totengeläut im Kloster. Dadurch wurde der Tod eines Mitbruders bekannt gegeben. Auf einem Kapitell in Autun (Burgund) wird der vierte Ton ebenfalls durch einen wie am Kreuz hängend dargestellten Glockenspieler sichtbar gemacht.
Im Indischen heißt der Ton „rsabba" (der Schrei des Stiers). Sein Symbol ist dort der Stier.

Es fällt mir ein Zwiespalt bei der Benennung der Töne auf. Du bezeichnest das „mi" als zweiten Ton, was verständlich ist, weil das „mi" der zweite Ton in der Skala ist. Dann wird aber in Cluny der entsprechende Ton als dritter bezeichnet.

Ja, das ist ein Widerspruch. Das kommt daher, dass wir heute die Töne einer Tonleiter aufwärts nummerieren: der Grundton „d" ist der erste Ton, „e", der zweite Ton und so weiter. In Cluny und in der Tonartenlehre des Mittelalters werden aber die Modi – wir nennen sie heute die Kirchentonarten – gezählt, wobei auf jedem Ton zwei Kirchentonarten aufgebaut sind, eine authentische und eine plagale: Auf dem „d" steht also der erste Modus, „d authentisch" (genannt 1. Ton), und der zweite Modus „d plagal" (genannt 2. Ton). Es gab also auf ein und demselben Ton zwei Modi, den authentischen und den plagalen Modus, die beide den gleichen Grundton haben. Sie

Abbildung 31: Kapitell 76, Nordseite
Das letzte Kapitell in der Abfolge des Programms ist jenes, das den Kampf Simsons mit dem Löwen zeigt (Ri 14,5-6). Der Löwe wird von Simson besiegt – damit ist Simson eine der bedeutendsten Präfigurationen für Christus, der die Sünde und den Tod besiegt hat. Ein Engel, der mit dem Zeigefinger (leider abgeschlagen) auf Simson zeigt, steht als Zeuge ganz links. Am Konsolblock steht „SASON“ (mit einem Kürzungsstrich über dem „A“). Simson wurde damals Samson genannt.

unterscheiden sich hauptsächlich dadurch, dass beim authentischen Modus der Grundton am Anfang der Skala liegt, während er beim plagalen in der Mitte des Oktavraums zu liegen kommt, der Modus daher um eine Quarte nach unten ausgreift. So gab es auf einem Ton zwei Skalen, „Kirchentöne“ genannt: Auf dem „d“ stehen daher der erste (authentische) und der zweite (plagale) Kirchenton, auf dem „e“ der dritte und vierte und so weiter.

Doch machen wir bei den Grundlagen weiter.

Der 3. Ton, f, fa:

Wir nennen ihn den Ton des Sieges (**S**). Er wird meist durch den Löwen, das „Sonnentier“, dargestellt, manchmal auch durch den Hahn oder den Greifen.

Kapitell 29, Abbildung 32, Seite 174

Kapitell 22, Abbildung 35, Seite 180

Am Echinus von Kapitell 29 tummeln sich Greifen und attackieren Menschen, und Menschen besiegen große Vögel, was ein sehr passendes Symbol für den „Siegton“ ist. Auch am Echinus von Kapitell 22 zeigen Löwen und Greifen das „f“ an.

In Cluny besagt die Inschrift für die fünfte Tonart „OSTENDIT QVINTVS QVAM SIT QVISQVIS TVMET IMVS“ („der fünfte Ton zeigt, wie sehr erniedrigt wird, wer sich selbst erhöht”). Das soll wohl bedeuten, dass nur derjenige den Sieg davonträgt, der sich erniedrigt, demütig und gläubig ist und nach der Schrift lebt.

Im Indischen heißt der Ton „gāndhāra“ (himmlischer Gesang). Seine Symbole sind Ziege, Schaf und Sonnentier Tiger; im Abendland statt des Tigers der Löwe.

Abbildung 32: Kapitell 29, Hofseite
Das Kapitell zeigt „Daniel in der Löwengrube" (Dan 14,30-42). Er steht ganz rechts, schon auf der Ostseite, während auf der Hofseite drei mächtige Löwen sitzen, deren Köpfe leider zerstört sind. Am Echinus kämpfen Menschen mit Adlern, Löwen und Greifen, auch Löwen mit Adlern. Die Adler und Greifen stehen auch hier wieder auf den siebenblättrigen Pflanzen (aus drei Erdschollen kommend), die die Kanten des Echinus bilden (siehe dazu auch Seite 212f).

Der 4. Ton, g, sol:

Der vierte Ton heißt „sol“, was sicher vom lateinischen Wort „Sonne“ kommt und damit wäre er der Ton des Lichts und des Glanzes.

Das wäre fein, aber es stimmt nicht. Denn dass der Ton „sol“ heißt, hat nichts mit der Sonne zu tun, sondern kommt nach Guido von Arezzo (um 992–1050) von der ersten Strophe des Hymnus „Ut queant laxis“ (zum Fest der Geburt Johannes des Täufers, 24. Juni), aus dem er die Anfangsbuchstaben einzelner Wörter des Textes unter den entsprechenden Tönen zur Benennung dieser Töne verwendete:

Verfasser und Komponist des Hymnus sind nicht bekannt.

UT queant laxis (ut, später „do" genannt)	**RE**sonare fibris (re)
MIra gestorum (mi)	**FA**muli tuorum (fa)
SOLve polluti (sol)	**LA**bii reatum (la)
Sancte	Joannes.

(Freie Übersetzung: „Dass deine Knechte mit freien Kehlen deiner Taten Wunder besingen können, mache von der Schuldfessel die sündige Zunge frei, Heiliger Johannes!“)
Von diesem Hymnus kommen die mittelalterlichen Notennamen, die heute noch in den romanischen Ländern in Verwendung sind. Der Notenname „sol“ kommt also von dem Wort „solve“, dessen erste Silbe auf dem entsprechenden Ton („sol“) zu singen ist.
Er ist der Ton des „Lichts“ (E), was ein reizvoller Zufall ist. Er wird durch den Kranich oder den Greifen und in Moissac auch durch

Kapitell 26, Abbildung 36, Seite 181

Abbildung 33: Kapitell 54, Nord- und Gangseite
Das Kapitell mit der Geschichte von Kain und Abel zeigt auf der Nordseite (links) unter der Konsole Gott (Christus) im Gespräch mit Kain, der ganz links außen steht und stark beschädigt ist. Gott richtet das Wort an ihn: „CAIN VBI E[st] ABEL F[rate]R TVVS". Unten steht die Antwort: „NESCIO". Ein Engel akklamiert dem Herrn als Zeuge. Rechts schleppt Abel das Lamm zum Altar. Leider sind Oberkörper und Kopf abgeschlagen. Ganz rechts schwebt ein Engel vom Himmel, um das Opfer entgegenzunehmen. Dass er aus dem Himmel kommt, ist an den Wolkenbändern unter der Volute zu sehen, vor denen der Engel erscheint. Bei Christus sind am unteren Saum die Pfeilfalten zu beachten.

Engel („Geister", die das Heilige, das Licht umgeben) angedeutet. Marius Schneider ist der Meinung, *„daß auch die ohne Musikinstrumente dargestellten Engel auf Grund ihres rauschenden Federkleides* [...] *ursprünglich als Klangsinnbilder gegolten haben."*

Marius Schneider, Seite 44.

Engel sind im Neuen Testament Wesen, die im Auftrag Gottes Verbindungen zwischen ihm und den Menschen als Boten, Verkünder, Deuter und Beschützer knüpfen. Manchmal werden sie auch als Diener des Herrn dargestellt. Wenn sie aber, so wie auf einigen Kapitellen in Moissac, nicht der Heiligen Schrift gemäß zitiert werden, erscheinen sie als Zeugen einer heiligen Handlung. Ihre Anwesenheit kann daher durchaus auch als Tonsymbol gedeutet werden.

Kapitell 35, Abbildung 7, Seite 50

Kapitell 54, Abbildung 33, Seite 176

Auf Kapitell 35 sind im Kapitellkörper Engel und am Echinus Greifen dargestellt. Sie symbolisieren hier das „g", „sol", ebenso wie auf Kapitell 54, wo Engel als Zeugen und Boten erscheinen.

In Cluny lautet die Inschrift für die siebte Kirchentonart „INSINVAT FLATVM CVM DONIS SEPTIMVS ALMVM" (*„der siebte Ton erfüllt mit dem Heiligen Geist und seinen Gaben"*). Bei der Darstellung am dortigen Kapitell handelt es sich wahrscheinlich um einen Bläser.

Im Indischen heißt der Ton „mādhyama" (Mitte). Sein Symbol ist dort der Reiher.

Der 5. Ton, a, la:

Die „Dominante", wie wir heute den fünften Ton nennen, wird oft wie der erste Ton „d" durch einen Pfau oder durch Singvögel (**V**), in Moissac auch durch Engel dargestellt. Dass in Moissac Engel zwei

Töne („g“ und „a“) symbolisieren können, hängt mit der Verwandtschaft der beiden Töne zusammen. Noch heute wird diese Verwandtschaft durch die Bezeichnungen Subdominante und Dominante zum Ausdruck gebracht. Das Vogelkapitell 24 repräsentiert diesen Ton. Am Echinus des 39. Kapitells, dem „Triumph des Kreuzes“, liegen die Vögel auf dem Rücken. Das war keine Platzfrage, sondern es zeigt die durch das Kreuz besiegten Harpyien an. Sie liegen auf dem Rücken, sind daher hilflos und besiegt.

Kapitell 24, Abbildung 34, Seite 179
Kapitell 39, Abbildung 16, Seite 93

Das indische „pañcama“ bedeutet „der fünfte Ton“. Sein Symbol ist der Kuckuck.

Der 6. Ton, h, si:

Dieser Ton wird durch das Pferd (**P**), wie zum Beispiel auf dem Echinus des Kapitells 26 oder durch Fische wie auf dem Echinus des Kapitells 21, symbolisiert. Im Indischen heißt der Ton „dhaivata“ (Fischergesang). Sein Symbol ist das Pferd.

Kapitell 26, Abbildung 37, Seite 182
Kapitell 21, Abbildung 23, Seite 128

Die Anzeige des Tones „h“ ist für uns besonders wichtig, da in der vatikanischen Ausgabe an diesen Stellen heute ein „b“ zu singen ist. Auf den beiden Kapitellen 21 und 26 wird ausdrücklich das „h“ angezeigt (bei Kapitell 36 träfe das „h“ auch zu, wird dort aber nicht vermerkt), so als wollten sie darauf hinweisen, dass hier kein „b“ zu singen ist. Die beiden Musikwissenschafter Luigi Agustoni und Johannes Berchmans Göschl meinen zu dem Problem des Tritonus (drei Ganztöne hintereinander): *„In Bezug zu sol oder Mi ist das b fragwürdig, sosehr es auch in späterer Tradition bestätigt ist.“*

Luigi Agustoni/ Johannes Berchmans Göschl: Einführung in die Interpretation des Gregorianischen Chorals. Band 1, Regensburg, Bosse, 1987, Seite 51.

Abbildung 34: Kapitell 24, Hofseite
Vier Vögel im Kapitellkorb stehen auf dem Halsring der Säule. Am Echinus verbergen sich im Rankenwerk ebenfalls Vögel (ähnlich wie bei Kapitell 7, Abbildung 14, Seite 87), deren Hälse hinter dem Rankenwerk hervorschauen.

Abbildung 35: Kapitell 22, Ost- und Gangseite
Auf dem Pflanzenkapitell sind am Echinus Löwen und auf der Gangseite Greifen zu sehen. Die Schwänze der Löwen ringeln sich, wie das typisch für die romanische Löwenskulptur ist, jeweils um einen Schenkel nach hinten. Wie auf Kapitell 5 (Abbildung 30, Seite 170) ist hier am Echinus das Spiel mit den Pflanzen, den Erdschollen und ihren Zahlensymbolen wieder zu finden, mit dem Unterschied, dass die mittlere fünfblättrige Pflanze noch zwei Früchte trägt.

Abbildung 36: Kapitell 26, Hofseite
Auf dem Echinus der Schmalseiten sind Kraniche oder Trappen zu sehen. In der Literatur werden sie meist als Gänse bezeichnet. Es sind aber keine Schwimmhäute zwischen den Zehen erkennbar. Damit wären sie Vögel, die ein „g" symbolisieren können. Mit der vorderen, zum Teil abgebrochenen Kralle, halten sie sich an der Pflanze fest, die die Ecke des Kapitells bildet. Dort sind, wie auf Kapitell 5 (Abbildung 30, Seite 170) Erdschollen, aus denen die Pflanzen herauswachsen, dargestellt.

Abbildung 37: Kapitell 26, Westseite
Auf diesem Kapitell, das Blätter (Wein?) und Ranken zeigt, ist der Echinus besonders bemerkenswert. Auf der längeren, beim Durchschreiten zuerst sichtbaren Seite, sind ein Hirsch und ein gesatteltes Pferd zu sehen, die einander gegenüber gesetzt wurden. Ein gesatteltes Pferd kommt sonst im Kreuzgang nicht mehr vor.

Durch die Folge von drei Ganztönen („f – g – a – h") hintereinander, entsteht eine musikalische Spannung, die später als „Diabolus in musica" bezeichnet und lange Zeit vermieden wurde. Wahrscheinlich war das aber im 11. Jahrhundert noch gar kein Problem. Man blieb in dem gewählten Modus und störte sich nicht am Tritonus. In der vatikanischen Ausgabe wird heute an den genannten drei Stellen je ein „b" gesungen, um den Tritonus durch Einfügen eines Halbtons über dem „a" zu vermeiden. Die neuesten Ausgaben lassen das „h" aber wieder gelten.

Der 7. Ton, c, ut (heute auch „do" genannt):

Der Ton schwebt über das „h" hinaus. Daher symbolisiert ihn der Adler (**A**), wie zum Beispiel auf dem Echinus von Kapitell 59.

Im Indischen heißt der Ton „niṣhāda" (der hoch oben Sitzende, der hohe Schrei).

Kapitell 59,
Abbildung 4, Seite 33

Marius Schneider hat also die Kapitelle der Kreuzgänge im Inneren der zwei Klöster Sant Cugat del Vallès bei Barcelona und Girona untersucht und dann die Tiersymbole an den Kapitellen auf ihre musikalische Bedeutung hin analysiert.

Er nahm abgekürzte Sanskrit-Wörter aus der indischen Musiktradition zu Hilfe, von denen er wusste, dass sie ganz bestimmte Töne repräsentieren und eine Tonleiter darstellen. Die folgenden Silben

Marius Schneider,
Seite 21ff.

sa	(ṣhadja = aus der Sechs geboren, Pfau),	d	re
ri	(rsabba = Stier),	e	mi
ga	(gāndhāra = Ziege, himmlischer Gesang),	f	fa
ma	(mādhyama = Reiher, Mitte),	g	sol
pa	(pañcama = Kuckuck, der 5. Ton),	a	la
dha	(dhaivata = Pferd, Fischergesang),	h	si
ni	(niṣhāda = Elefant, der hohe Schrei)	c	ut (do)

stehen, in unser Tonsystem übertragen (wobei die indischen Intervalle nicht ganz unseren entsprechen), für die Töne „d", „e", „f", „g", „a", „h", „c" und sind gleichzeitig Abkürzungen oder Anfangssilben von Tiernamen. Schneider hat die Tiersymbole, die er an den Kapitellen fand (den Pfau, den Löwen, ...) in die Silben rückübersetzt, um Töne zu erhalten. In einer Tabelle dargestellt sieht das so aus:

Marius Schneider, Seite 22.

d	**e**	**f**	**g**	**a**	**h**	**c**
Pfau	Stier	Ziege	Kranich	Singvogel	Pferd	Elefant
		Löwe			Fisch	Adler

Wir können nun unsere Suche beginnen. Dort, wo wir so ein Tier finden, haben wir den Ton, den dieses Tier symbolisiert.

Wenn wir die Tiersymbole auch nach Tag und Nacht, Licht und Dunkelheit und den Jahreszeiten ordnen, steht für die Ziege das „Sonnentier" Tiger, im Abendland statt des Tigers der Löwe, und statt des Elefanten der Adler, sodass die Tiere den oben angezeigten Tonsymbolen entsprechen.

Marius Schneider, Seite 22, auch zitiert nach Helmut Giesel: Studien zur Symbolik der Musikinstrumente im Schrifttum der alten und mittelalterlichen Kirche. Regensburg, Bosse, 1978, freilich dort in anderer Zuordnung. In der vatikanischen Ausgabe auf das obere Tetrachord transponiert.

Schneider weist außerdem darauf hin, dass sich die Präfation der gregorianischen Messe in ihrer melodischen Struktur auf die Töne „f", „e", „d" und „c" beschränkt, was mit den oben erklärten Symbolen zum Viergetier der Heiligen Schrift (Tetramorph) würde: „f" = Löwe, „e" = Stier, „d" = Pfau (schöne, gerettete Seele des Menschen, beziehungsweise der „Herr des Tonsystems", der Mensch) und „c" = Adler. Dies ist ein weiterer Beweis für die Richtigkeit meiner Theorie.

Zu irgendeiner Zeit und in irgendeiner Kultur müsste es doch dann auch Noten geben, die wie Tiere gezeichnet sind. Hat denn keine Kultur diese Idee aufgegriffen?

Die Methode, aus Tiersymbolen Noten abzulesen, ist sehr umstritten. „*Die Tiere* [oder Engel] *sind* [jedoch] *keine Notenschrift, sie stellen eine Materialisation des Klangs dar* [...]. *Das Tierbild ist keine Bezeichnung des Klangs, sondern ein materielles Äquivalent des Tones*", so Marius Schneider.

Marius Schneider, Seite 40.

Gibt es denn im 11. Jahrhundert schon eine Notenschrift? Aus dem Musikunterricht weiß ich, dass es über den Texten in den Kirchenbüchern kleine Zeichen gab, die den Verlauf der Melodie anzeigten.

Das ist richtig. Diese Zeichen werden Neumen genannt und zeigen den Verlauf einer Melodie recht gut an. Aber eine Notenschrift, wie wir sie heute kennen, stellen sie nicht dar und gab es in dieser Zeit auch noch nicht. Der Choral kann daher niemals von den „Noten" (Tiersymbolen) der Kapitelle abgesungen werden, wie wir heute eine Melodie vom Blatt singen. Das ist auch nicht Aufgabe der Kapitelle und des Kreuzgangs, besonders auch deshalb, weil die zeitliche Einheit aus gesungenem Choral und Durchschreiten des Kreuzgangs nicht gegeben wäre.

Der in den Kapitellen verschlüsselte Choral stellt einen geistigen Gehalt dar, sozusagen eine Manifestation eines spirituellen Themas, dem der Kreuzgang untergeordnet ist. Die Mönche kennen die Melodie, auf die sich der Kreuzgang bezieht, sehr gut und *„wissen, dass ihnen wahrhaftig ein Engel vom Herrn gesandt ist, der sie aus der Hand der sündigen Menschen entreißen wird"*, wie es auf der Schriftrolle des Kapitells 74 steht. Und sie beten: *„Hilf mir, Gott, durch deinen Namen, verschaff mir Recht mit deiner Kraft. Gott, erhöre mein Flehen, vernimm die Worte meines Mundes."*

Kapitell 74, Abbildung 40, Seite 200

siehe Psalm 54 auf Seite 114

Die Mönche wussten, dass der Kreuzgang und die Kirche den Aposteln Petrus und Paulus geweiht sind und kannten den Psalm 54 und seine Bedeutung für den Kreuzgang. Für sie war die Verschlüsselung einer Choralmelodie sicher durchaus verständlich.

Wenn wir Menschen des 21. Jahrhunderts nun auch noch die Melodie, die auf den Kapitellen verzeichnet sein soll, ablesen könnten, wären auch wir in der Lage, den Kreuzgang in seiner mystischen Weise als spirituellen Weg zu erleben.

Der Choral

Mit diesen Grundlagen ausgestattet könnten wir zu suchen beginnen. Doch wo sollen wir anfangen? Wenn es einen Choral gibt, der hier verschlüsselt ist, wo beginnt er? Mit welchem Text unterlegen wir ihn? Wie lang ist der Choral? Das sind lauter Fragen, die wir zuerst klären müssen. Bei den Tageszeiten und dem Kirchenjahr war es relativ klar, wo wir anfangen, doch bei einem Choral, der uns nicht bekannt ist? Hilf mir doch bitte auf die Sprünge! Wie viele Kapitelle oder Säulen hat der Kreuzgang? Dann wissen wir, wie viele Töne der Gesang haben muss.

siehe Seite 66

Tabelle siehe Seite 204

Kapitell 20, Abbildung 24, Seite 132

Kapitell 21, Abbildung 23, Seite 128

So habe ich es auch versucht. Da der Kreuzgang 76 Kapitelle hat, müsste der Choral 76 Töne haben. Und 76 wäre eine „schöne" Zahl. Aber es ließ sich kein Choral mit 76 Tönen finden, der auch nur annähernd in mein Schema passte. Ich machte mir einen Streifen mit 76 nummerierten Punkten für die einzelnen Kapitelle und darunter schrieb ich die auf ihnen gefundenen Symbole, die bestimmte Noten bedeuten könnten, zum Beispiel bei Kapitell 20 einen Engel (**E**) und bei Kapitell 21 Fische (**P**). Darunter verzeichnete ich wiederum die Töne, die die Symbole repräsentieren, also bei Kapitell 20 ein „a" und bei Kapitell 21 ein „h“. Die fehlenden Noten würden sich, wäre die Melodie einmal bekannt, wie bei den Linien eines nicht vollständig erhaltenen Freskos zu einer Figur (Melodie) ergänzen lassen. Dass nicht alle Töne von den Kapitellen ablesbar sind, hängt sicher zunächst damit zusammen, dass auch noch andere Inhalte in dem Programm des Kreuzgangs vermittelt werden sollen, wie wir schon gesehen haben. Außerdem entspricht das „Weglassen“ von Noten und Buchstaben durchaus einer damals gebräuchlichen Darstellungsart. Es ging darum, in den mittelalterlichen Ausgaben des gregorianischen Chorals eine Melodie zu finden, die die Töne in der Reihenfolge, wie ich sie im Schema aufgeschrieben habe, enthält und die fehlenden Noten auffüllt. Wie gesagt, die Suche verlief ergebnislos.

Du wurdest aber doch fündig, wie wir wissen. Was hast du denn dann gemacht?

Ich habe schließlich die Säulen gezählt. Es sind in Summe 116 Säulen. Ich zeichnete mir erneut eine Tabelle, aber mit 116 Punkten. Damit hatte ich ins Schwarze getroffen! Der Introitus des Festes „Petrus und Paulus“ (29. Juni) – der Choral musste etwas mit den beiden Apostelfürsten zu tun haben, da das Kloster ihnen geweiht war – hat genau 116 Töne, wenn die Kadenztöne doppelt so lang gehalten oder statt dessen Atempausen gemacht werden. Da der Kreuzgang diesen beiden Aposteln geweiht ist und der Text zum Introitus des Festtages der Apostelfürsten „Nunc scio vere“ sogar in

Tabelle siehe Seite 153ff

Apg 12,11

Kapitell 74, Abbildung 40, Seite 200

das Kapitell 74 gemeißelt wurde, waren zwei wichtige Hinweise für die Richtigkeit meiner Annahme gefunden.

Nun hat aber deine Zählung insofern einen Haken, als ja Einzelsäulen mit Doppelsäulen, die ein gemeinsames Kapitell aufweisen, abwechseln. Auf den Kapitellen, die über Doppelsäulen liegen, müssten somit zwei Tonsymbole sichtbar werden, wenn der Choral an der entsprechenden Stelle zwei verschiedene Töne haben sollte. Ist denn das der Fall?

Warum musst du alle Ungereimtheiten sofort aufdecken? Leider ist das nicht der Fall. Bei 25 Doppelsäulen sind zwei verschiedene Töne notwendig und nur bei vier Kapitellen von diesen sind zwei Tonsymbole zu finden. Hätte der Choral über den Zwillingssäulen zwei gleiche Töne, was immerhin für 15 Doppelsäulen zutrifft, bräuchten wir nur ein Tonsymbol. Der Kreuzgang besitzt aber insgesamt 40 Doppelsäulen, von denen nur 21 jeweils einen Ton oder gar keinen anzeigen. Dabei muss ich dir aber ins Gedächtnis rufen, dass der Kreuzgang in einer Zeit entstanden ist, in der das Weglassen von Zeichen (Buchstaben, Ziffern, Noten) eine gebräuchliche Art der Aufzeichnung war.

siehe Seite 98

Doch ich bin durch deinen Einwand etwas vorausgeeilt. Ich zeichnete also meine aus den Tierbildern gefundenen Noten in den Raster mit 116 Tönen an ihrem Platz im Kreuzgang ein und verglich sie mit dem Introitus „*Nunc scio vere*". Denn „*eine Melodie ist ein*

Organismus, in welchem man nicht beliebig Töne ändern, zusetzen oder abziehen kann.“

Marius Schneider, Seite 40.

Da sich große Teile des Notenbildes meines Schemas mit der Melodie des Chorals deckten, war meine Hauptarbeit bereits getan. Nun war auch abzulesen, wo die Choralmelodie zu beginnen hatte. Der Beginn fiel nach meinem Raster auf jenes Kapitell, das ich dann „Kapitell 1“ nannte. Es ergab sich ein weiterer wunderbarer „Zufall“: Das war das Kapitell mit den Martyrien der beiden Apostelfürsten Petrus und Paulus, das genau dort liegt, wo die Mönche aus der Kirche heraustraten und wo sie vor sich den Pfeiler mit der Skulptur des heiligen Petrus sahen. Der eigentliche Hinweis aber, dass es sich bei diesem Kapitell um ein herausragendes handelt, ist der, dass es das einzige Kapitell in dem Kreuzgang ist, in dem von den Mönchen eine Reliquie des heiligen Petrus eingemauert worden war, die – wie schon gesagt – während der Wirren der Französischen Revolution herausgebrochen wurde. Die Reliquie lag noch dazu auf der Seite des Kapitells, die die Mönche beim Heraustreten aus der Kirche vor sich hatten.

Kapitell 1, Abbildung 38, Seite 192

Abbildung 8, Seite 58

Im Nachhinein besehen, ist es vollkommen klar, dass das Kapitell mit der Reliquie den Anfang eines Programms darstellt, gibt es doch das eigentliche Thema an, das dem Kreuzgang übergeordnet ist: die Apostelfürsten Petrus und Paulus.

Auch das zweite Kapitell gehört ganz wesentlich zum „Anfang“, weist es doch auf die Schriftstelle „Im Anfang war das Wort“ hin. Noch klarer kommt der Anfang auf dem dritten Kapitell zum Ausdruck, auf dem Adam und Eva, das erste Menschenpaar, abgebildet sind. Diese

siehe Seite 111f

ersten drei, den Anfang des Chorals bildenden Kapitelle, wiesen außerdem den Mönchen den Weg, den sie zu gehen hatten: Sie sollten Nachfolger der Apostel Petrus und Paulus werden, sollten die Geheimnisse des Göttlichen (A und ω) meditieren und die menschliche Sündhaftigkeit – verkörpert durch Adam und Eva – überwinden.

Graduale Romanum sacrosanctae Romanae Ecclesia de tempore et de sanctis. Abbatia Sancti Petri de Solesmis, 1974, Seite 575.

Wird der Choral, den du gefunden hast, heute noch so gesungen, dass er heute, immerhin 900 Jahre später, noch mit den Kapitellen aus dem Jahr 1100 verglichen werden kann?

Prof. Dr. Godehard Joppich, Studium der Philosophie, Theologie und Kirchenmusik in Rom, 1970–1989 erster Kantor der Benediktinerabtei Münsterschwarzach, 1973–1980 Lehrbeauftragter für Gregorianik und Liturgik an der Hochschule für Musik München, 1980–1993 an der Folkwang-Hochschule Essen; seit 1993 Lehrbeauftragter an verschiedenen Universitäten; zahlreiche Veröffentlichungen.

Das war die nächste Schwierigkeit. Der Introitus für das Fest „Petrus und Paulus“ aus der modernen vatikanischen Ausgabe konnte als Grundlage für meine Arbeit nicht verwendet werden. Er stimmte an einigen Stellen nicht mit meinem Raster überein. Hier half mir der Gregorianikexperte Godehard Joppich weiter. Er teilte mir mit, dass der Introitus „Nunc scio vere“ schon im 11. Jahrhundert in Aquitanien annähernd so gesungen wurde, wie er heute noch existiert. Joppich übermittelte mir die Belege und die Kopien dieser aquitanischen Neumen aus dem 11. Jahrhundert, die dann von Franz Karl Praßl in unsere Notenschrift übertragen wurden.

Bibliothèque Nationale Paris lat. 776, fol. 101 v, genannt Codex ALBI – privat veröffentlicht von Godehard Joppich.

Die Handschrift ALBI, die ich als Grundlage für meine Arbeit wählte, ist wahrscheinlich 1079 im Zusammenwirken mit Moissac in Saint-Michel-de-Gaillac bei Albi entstanden. Die aquitanische Notation beherrschte den Süden Frankreichs und griff im 11. Jahrhundert auch auf Spanien über. Diese Notenschrift wurde als Punktneumen bezeichnet.

Abbildung 38: Kapitell 1, Südseite
Rechts vom Südostpfeiler (vor dem wir stehen, wenn wir aus der Kirche heraustreten) und nach dem kleinen Durchgang in den Innenhof haben wir das Kapitell mit den „Martyrien der Apostelfürsten Petrus und Paulus" im Blick. Zunächst ist das „Martyrium des heiligen Paulus" mit der quadratischen Aushöhlung zu sehen, in der sich eine Reliquie des heiligen Petrus befand. An der linken Kapitellkante, auf der Hofseite, steht der Engel, der die Seelen der beiden Märtyrer in Empfang nimmt. Er hält sie in seinen Armen wie Kinder. Weiter rechts befindet sich der Henker, der Paulus enthauptet hat. Wieder rechts davon sind zwei Schergen zu sehen. Das Kapitell ist in der Revolution besonders stark beschädigt worden, wahrscheinlich weil hier eine Reliquie eingemauert war. Jeweils auf Schmal- und Breitseite des Kapitells sind am Echinus elf (Sündenzahl) Blätter einer Spiralranke zu sehen und am Abakus ist der Text, der das Geschehen erläutert (siehe Abbildung 20, Seite 105 und Erklärung Seite 104), zu lesen.

Wenn du das so erklärst, klingt es relativ einfach, eine Melodie zu finden, die aus 116 Tönen besteht und in dein Schema passt. Lässt sich wirklich im vorhandenen Bestand der Musik, die damals gesungen wurde, eine Melodie, die einem selbst unbekannt ist und die gewissen Vorgaben entsprechen soll, so einfach finden? Ich stelle mir vor, dass es auch damals schon eine große Menge von Kompositionen gegeben hat, die in der Kirche gesungen wurde.

Das ist eben nicht so. In der römisch-katholischen Kirche war seit ungefähr dem 9. Jahrhundert der Gesang für den Messgottesdienst und das Offizium (Stundengebet) authentisch und allgemein verpflichtend. Weder Weltkirche noch Orden durften irgendwelche Gesänge „aufführen", sondern mussten sich an das offiziell genehmigte Gesangbuch (das Römische Antifonar) halten. Dieses war bereits im 8. Jahrhundert verbindlich, was wir zum Beispiel aus einem Protokoll des Zweiten Konzils von Cloveshove (Glasgow) aus dem Jahr 747 wissen, wo es heißt, „*man solle sich in bezug auf die Taufe, die Feier der Messe und den Gesang* [...] *an das von der römischen Kirche vorgeschriebene Buch halten.*" Dieses Gesangbuch enthält (noch heute) alle Texte und Melodien, die während einer Messe (das Offizium klammern wir hier aus) gebetet und gesungen werden mussten.

Dominicus Johner/Maurus Pfaff, Choralschule. Regensburg, Friedrich Pustet, 1956, Seite 240.

Der Choral der römischen Kirche ist immer lateinisch, einstimmig und ohne Takt, hat aber feste, unteilbare Zeitwerte und eine genaue Gliederung der Einzelteile. Da der Choral vor allem Gebet ist, erfordert seine Kenntnis das Verständnis für die Liturgie. Er hat niemals

musikalischen Selbstzweck. Insofern ist er mit der Bildenden Kunst der Zeit vergleichbar, dient diese doch auch nie sich selbst und ihrer Ästhetik.
Das römische Gesangbuch sieht bei der Feier der Messe folgende Teile vor, die vom „Chor“ (der Schola, dem Chor der Mönche oder heute dem Kirchenchor, auch manchmal von allen Anwesenden) zu singen sind:
1. Das Ordinarium sind die feststehenden Gesänge der Messe, deren Texte an jedem Tag des Jahres gleich sind. Es handelt sich um Kyrie, Gloria, Credo, Sanctus mit Benedictus und Agnus Dei.
2. Das Proprium stellt die wechselnden Gesänge der Messe, deren Texte von Tag zu Tag verschieden sind, dar. Dies sind der Introitus (Einzugslied), das Graduale (Zwischengesang) mit Alleluja-Vers oder Tractus (psalmodischer Sologesang, an manchen Tagen mit einer Sequenz), das Offertorium (Opferungslied) und die Communio (Kommuniongesang).

Diese Gesänge waren vorgeschrieben und genau im römischen Gesangbuch verzeichnet, sodass sie seit früher Zeit nachweisbar und in den römischen Messbüchern aufzufinden sind. Es ist daher nicht allzu schwierig, eine Melodie zu suchen, wenn man weiß, an welchem Tag oder zu welchem Fest sie zu singen ist. Wenn das Kloster den beiden Apostelfürsten geweiht ist, muss der Choral etwas mit einem Fest für Petrus und Paulus oder doch zumindest mit einem der beiden zu tun haben. Dass der Introitus und nicht ein anderer Teil des

Propriums für den Festtag Petrus und Paulus in dem Kreuzgang verschlüsselt ist, macht ganz besonders deshalb Sinn, weil die Mönche diesen Gesang beim Einzug vom Kreuzgang in die Kirche sangen.

Es besteht also in der römischen Kirche von Anfang an eine Beziehung zwischen Gebet und Gesang, die tradiert und festgeschrieben war?

Es hat tatsächlich den Anschein, als sei das, wie du sagst, von allem Anfang an so gewesen. Paulus sagt im Brief an die Epheser: „*Lasst in eurer Mitte Psalmen, Hymnen und Lieder, wie der Geist sie eingibt,*
Eph 5,19 *erklingen! Singt und jubelt aus vollem Herzen zum Lob des Herrn.*" Es ist aber nicht so, dass sich beim gregorianischen Choral keine Entwicklung oder Veränderung feststellen ließe.

Sicher besteht ein Choral wie jede Melodie aus einzelnen Abschnitten, Teilen oder – wenn du willst – Motiven. Es wäre großartig, wenn eine solche Gliederung hier in Moissac an unserem Introitus auch feststellbar und von den Kapitellen ablesbar wäre.

Das ist meiner Meinung nach besonders eindrucksvoll gestaltet. In den Symbolen auf den Kapitellen wird die Gliederung des Chorals deutlich sichtbar. Jeder Choral besteht aus einzelnen Abschnitten (Melodieteilen), die je eine Einschwing- und eine Schlussfloskel (Kadenz) haben. Jeder dieser Abschnitte wird durch besondere Kapitelle von dem nächsten getrennt.

Die Kadenz heißt in unserem Choral immer „f–e", vom Siegton zum Ton des Opfers. Der Choral besitzt drei solche Kadenzen. Diese drei Kadenzen werden dadurch hervorgehoben, dass sie mit Nahtstellen des Kreuzgangs zusammenfallen und durch besonders gestaltete Blattkapitelle ausgezeichnet sind, die eindeutig arabische Motive zeigen (ausgenommen der Choralschluss). Ich nenne sie arabisierende Kapitelle. siehe Seite 80

Vielleicht ist das der Grund, dass wir auf ihnen keine Tonsymbole finden können.

Das ist möglich. Jedenfalls ist durch diese Kapitelle die Gliederung des Chorals in einzelne Melodieteile sehr gut nachvollziehbar:
Beginn des Chorals nach dem Südost-Pfeiler mit Kapitell 2 durch ein besonders gestaltetes, arabisierendes Blattkapitell. Kapitell 1 mit dem ersten Ton des Chorals, dem Siegton „f", bleibt dem Titulum „Petrus und Paulus" vorbehalten.
Kadenz 1, unmittelbar nach dem Nord-Pfeiler, umfasst die Kapitelle 29 bis 31. Der Finalton „e" ist durch ein äußerst faszinierendes arabisierendes Blattkapitell (31) geschmückt.
Kadenz 2, unmittelbar nach dem West-Pfeiler, umfasst die Kapitelle 48 und 49, wobei der Finalton „e" erneut durch ein arabisierendes Blattkapitell (49) herausgehoben wird.
Kadenz 3, gleichzeitig der Schluss des Chorals, wird nach dem Südost-Pfeiler, dem „heiligsten Platz" des Kreuzgangs und des Chorals, von den Kapitellen 75 und 76 gebildet (Finalton „e").

Außerdem beginnt jeder Melodiebogen mit dem Ton, mit dem der vorhergehende geschlossen hat. Außer bei den Kadenzen, wo Endton und Anfangston der folgenden Phrase immer „e“ sind, geschieht das auch noch am Ende der ersten Phrase zwischen Kapitell 19 (Ende auf „a“) und 20 (Anfang auf „a“) und dem Ende der vierten Phrase zwischen Kapitell 62 (Ende auf „g“) und 63 (Anfang auf „g“).

An diesen Stellen müsste also der Anfangston nicht angezeigt werden.

So ist es. Am Schluss des Chorals wird auch noch auf den Modus (die Tonart) hingewiesen, denn auf dem letzten Kapitell, dem 76., wird Simson gezeigt, wie er den Löwen besiegt. Das ist ein eindeutiges Symbol für den Ton „e“, der hier Finalton ist. Der Choral steht also im dritten Ton, „e“, authentisch. Er schließt mit dem Ton des „besiegten“ Löwen, ebenso wie in den Kreuzgängen von Sant Cugat del Vallès und Girona. Der dritte Ton ist, wie wir von den Skulpturen in Cluny wissen, die Tonart der Leidensgeschichte und der Auferstehung.

Kapitell 76, Abbildung 31, Seite 172

siehe Seite 173

Der Ton „e“ ist der Ton des Opfers und des Leidens. Da er der Grundton der Tonart ist, in der der Introitus steht, sagt er etwas über den ganzen Choral aus: Christus hat durch sein Leiden am Kreuz über das Böse gesiegt, so wie Simson den Löwen besiegt hat.

Und damit sagt der Choral auch etwas über den Kreuzgang von Moissac. Er wurde so für die Mönche, die in ihm lebten, zur ständigen Mahnung: sich in Demut zu unterwerfen, wie es Kapitell 6 mit

Kapitell 6, Abbildung 19, Seite 103

der Fußwaschung, fordert; ihren Mitmenschen zu dienen und ständig darauf bedacht zu sein, das Böse zu besiegen, um dann des Sieges der Erlösung, wie er durch die Clipeus tragenden Engel am Echinus des Fußwaschungskapitells angedeutet wird, teilhaftig zu werden.
Stimmig ist das Zahlenspiel mit diesen drei Kapitellen: 6 („Sechstagewerk des Herrn“) + 70 („Auserwählte des Herrn“ nach Lk 10,1) = 76 („Funktionieren der Schöpfung des Herrn“).

Kapitell 70 „Der barmherzige Samariter“, Abbildung 29, Seite 150

Kapitell 76 „Simson der Löwenbezwinger“, Abbildung 31, Seite 172

Ein Choral hat aber auch einen Text. Daher wäre es nur konsequent, wenn es auf den Kapitellen auch Hinweise auf diesen gäbe.

Auf dieses außerordentlich wichtige Detail wurde meiner Meinung nach sehr eindrucksvoll Rücksicht genommen. In dem Kreuzgang sind nicht nur viele Töne des Chorals auf den Kapitellen verschlüsselt, sondern es wird auch durch eine Reihe von Zeichen auf den Text des Chorals aufmerksam gemacht.
Am deutlichsten ist das auf Kapitell 74 mit der „Befreiung Petri aus dem Kerker“ nachvollziehbar. Petrus wird darauf von einem Engel aus dem Kerker geführt. Er hält eine Schriftrolle, auf der die Buchstaben N S V Q M D A E H (zum Teil schon schwer leserlich oder verloren gegangen) stehen. Das sind die Anfangsbuchstaben der Worte: „N[unc] S[cio] V[ere] Q[uia] M[isit] D[ominus] A[ngelum suum] E[t eripuit me de manu] H[erodis et de omni exspectatione plebis Judaeorum]“. Das heißt: *„Nun weiß ich wahrhaftig, dass der Herr seinen Engel gesandt und mich der Hand des Herodes entrissen*

Kapitell 74 Abbildung 39, Seite 199

Kapitell 74 Abbildung 40, Seite 200

Abbildung 39: Kapitell 74, Hof- und Westseite
Das Kapitell zeigt jene Szene aus der Apostelgeschichte (Apg 12,6-11), in der Petrus von einem Engel aus dem Kerker geführt wird. Links steht die Wachmannschaft mit Schilden unter einem Torbogen. An der Ecke des Kapitells ist der Kerkerturm dargestellt, dessen Tor verschlossen ist. Die Entführung aus dem Gefängnis ist demnach ein Wunder: Der Engel überwindet mit Petrus das Verlies und hält die Rechte zum Sprechgestus erhoben. Petrus folgt ihm und zeigt mit seiner Rechten auf eine Schriftrolle, auf der der „Text" des Chorals steht (Apg 12,11; siehe Abbildung 40, Seite 200).
Am Echinus tanzen Teufel einen Reigen, an der Ecke und in der Mitte der Hofseite sitzen mächtigere Teufel. Sie können Petrus nicht fassen; Petrus hat über das Böse gesiegt.

Abbildung 40: Kapitell 74, Ausschnitt aus Abbildung 39
Petrus, der dem Engel hier gegenüber steht, hält eine Schriftrolle mit Buchstaben in der Hand. Mit dem Zeigefinger der rechten Hand weist er auf sie hin, das heißt, es handelt sich um seine Worte. Die ersten beiden Buchstaben „N“ und „S“ sind oben bereits verloren gegangen, dann ist „V Q M D A E H“ zu lesen. Das sind die Anfangsbuchstaben des Textes aus der Apostelgeschichte (Apg 12,11), die Worte, die Petrus sprach, nachdem ihn der Engel aus dem Kerker befreit hatte: „N[unc] S[cio] V[ere] Q[uia] M[isit] D[ominus] A[ngelum suum] E[t eripuit me de manu] H[erodis]“ („Nun weiß ich wahrhaftig, dass der Herr seinen Engel gesandt und mich der Hand des Herodes entrissen hat“).
Das ist der Text des Introitus zum Fest Petrus und Paulus, 29. Juni, der dem im Kreuzgang verschlüsselten Choral unterlegt ist.

Apg 12,11 *hat und all dem, was das Volk der Juden erhoffte.*" Dies ist der Text des Introitus zum Fest Petrus und Paulus (29. Juni), der, so meine Schlussfolgerung, dem Kreuzgang zugrunde gelegt ist.

Auf das sechste Kapitell, der „Fußwaschung", fällt im Choral das Wort „SCIO" (aus dem Lateinischen = ich weiß). Petrus ist auf dem Kapitell abgebildet, wie ihm der Herr die Füße wäscht und er ihm seine Hand entgegenstreckt, um dem Herrn zu sagen, er solle nicht nur seine Füße waschen, sondern auch die Hände und sein Haupt. Darauf, so das Johannes-Evangelium, sprach Jesus: „*Wenn ich, der Herr und Meister, euch die Füße gewaschen habe, dann müsst auch ihr einander die Füße waschen. Ich habe euch ein Beispiel gegeben, damit auch ihr so handelt, wie ich an euch gehandelt habe*". Von diesem Augenblick an erkannte Petrus, was diese Botschaft bedeuten sollte.

Joh 13,9

Joh 13,14-15

Eindeutig ist der Bezug auf den Text am „Engelskapitell". Mit diesem, dem 20. Kapitell, beginnt das Wort „ANGELUM" des Chorals.

Kapitell 20, Abbildung 24, Seite 132

Ähnlich scheint es für das 27. Kapitell zu sein, auf dem vier Engel abgebildet sind, die namentlich als „GABRIHEL", „MICAHEL", „SERAPHIN" und „ChERVBIN" bezeichnet werden. Das Kapitell steht in der Reihenfolge der Kapitelle so, dass es genau auf die Mitte des Wortes „SVVM" des Choraltextes „ANGELVM SVVM" fällt und der Gesang durch die Wiederholung des Tones „a" das zweite „a" auf Kapitell 27 betont. Es handelt sich also um „seine" Engel, was das Zitat der obersten Engel neben den Erzengeln verständlich macht.

Kapitell 27, Abbildung 41, Seite 203

Auf dem 41. Kapitell, einem „Vogelkapitell", erscheinen am Echinus zwei Löwenpaare mit je einem Kopf. Monocephale Wesen symbo-

Kapitell 41, Abbildung 27, Seite 140

lisieren den Zerfall der von Gott geschaffenen Einheit (ein Kopf) in die Dualität dieser Welt (zwei Körper). Das ist ein Symbol für König Herodes. Auf dieses Kapitell fällt der Beginn des Namens „HERO-DIS" im Choral.
Das 44. Kapitell zeigt „diabolische Wesen", könnte also auf den „Diabolus in musica" hinweisen. Es ist aber anzunehmen, dass damals der verbotene Tritonus noch keine Beachtung fand. Wir befinden uns mitten in dem melismatisch zu singenden Wort „HERODIS", was einen Hinweis auf den Text darstellt. Die Zahl 44 ist eindeutig negativ besetzt, was zeigt, dass Herodes kein guter Mensch war: 4 (Zahl für die Welt) x 11 (Zahl für das Böse, wegen der Überschreitung der Zehnzahl des Gesetzes).

Der Choral war damit den Mönchen gegenwärtig, ohne dass es ihnen ständig bewusst war. Und er wurde damit zu einem spirituellen Thema für den Kreuzgang, für das ganze Kloster und die Mönche, die in ihm lebten.
Wir bräuchten nun dringend einen Überblick zu den einzelnen Kapitellen und den auf ihnen abgebildeten Tonsymbolen. Sonst finden wir den Weg durch die vielen verwirrenden Zeichen nicht.

Abbildung 41: Kapitell 27, Westseite
Das „Engelskapitell“ zeigt auf allen vier Seiten Engel, zwei Erzengel („GABRIHEL“ und „MICAHEL“) und je einen „SERAPHIN“ und „ChERVBIN“. Der Erzengel Michael, hier auf der Westseite, hat seine rechte Hand zum Sprechgestus erhoben. In der Linken hält er ein Buch. Er hat, wie alle vier Engel auf diesem Kapitell, einen Nimbus und steht mit gespreizten Beinen auf dem Halsring der Säule. Neben den Beinen steht sein Name geschrieben.

	18	19	20	21	22	23	24	25	26	
	Drei spanische Heilige	Verkündigung und Heimsuchung	Kampf der Engel	Vier Adler	Pflanzen	Heiliger Benedikt	Acht Vögel	Petruswunder	Weinranken	
	E	E	E	P	S		V		P	
	g	a	a	h	f		a		h	

Ausschnitt aus meinem ersten Schema mit 76 Tönen

Die einzelnen Kapitelle und ihre Tonsymbole

Bei der Aufzählung der Kapitelle, auf denen sich die Tonsymbole befinden, stütze ich mich auf die Monografie „Die Skulpturen von Moissac" von Thorsten Droste, die mir meine Arbeit wesentlich erleichterte. Ich habe die Nummerierung der Kapitelle, wie sie sich in der Literatur eingebürgert hat und auch von Droste verwendet wird, nicht beibehalten, weil sie den von mir gefundenen Programmen und Choralnoten nicht entspricht.

Thorsten Droste, Anmerkung 234.

Nehme ich für jede Säule einen Ton, so lässt sich durch die Symbolik auf den Kapitellen der Choral wunderbar ablesen, wenn ich mit dem Kapitell, welches die Reliquie beherbergte, beginne und in der Richtung vorgehe, die die Mönche nach dem Verlassen der Kirche auf dem Weg zum Kapitelsaal einschlugen.

Wir müssen durch die von der Stadt Moissac gestaltete Eingangshalle im Nordosten des Kreuzgangs eintreten, weil das Nordportal, das von der Kirche in den Kreuzgang führt, verschlossen ist.

Abbildung 1, Seiten 15–18

Die Mönche betraten den Kreuzgang durch das Nordportal der Kirche und standen vor dem Pfeiler mit dem Relief des Apostelfürsten

Petrus, dem Patron des Klosters. Er führt die Schar der Apostel, die in die Pfeiler eingemeißelt sind, in der Reihenfolge, wie sie bei Markus aufgezählt werden, an. Der letzte in der Apostelreihe ist der heilige Paulus, der statt des Judas Iskariot hier eingefügt wurde, sodass Petrus und Paulus nebeneinander am Südostpfeiler zu stehen kommen.

Abbildung 8, Seite 58

Mk 3,16-19

Einen Schritt weiter in Richtung des kleinen Durchgangs zum Hof standen die Mönche vor dem ersten Kapitell mit der Reliquie des heiligen Petrus. Die Inschrift auf dem Abakus, die die Begebenheiten auf dem Kapitellkorb erklärt, beginnt auf der Gangseite, sodass man dort auf dem Weg zum Kapitelsaal zwangsläufig zu lesen beginnt und in der Leserichtung das Kapitell umrundet, um diese zu entziffern.

Kapitell 1, Abbildung 20, Seite 105

Ich fasse zusammen: Für dein Choralprogramm stellt sich das erste Kapitell als besonders aufschlussreich dar. Es schildert die Martyrien von Petrus und Paulus und war das einzige des Kreuzgangs, das in einer kleinen Aushöhlung bis zur Schändung durch die Revoltierenden eine Reliquie vom Korpus Petri enthielt. Der Kapitellkorb zeigt die Enthauptung des Paulus. Zwischen dem Henker und dem Apostel befindet sich die Aushöhlung für die Reliquie Petri. Auf der Gangseite ist der Kaiser zu sehen, der das Todesurteil verkündet. Er ist durch die Inschrift als Nero identifizierbar, wobei das „R" Kopf steht. Die Nordseite zeigt das Martyrium des Petrus und auf der Hofseite trägt ein Engel die Seelen der beiden Hingerichteten in den Himmel. Der Echinus zeigt ein Palmettenfries und der Abakus den Text, der die Begebenheiten erklärt.

Kapitell 1, Abbildung 38, Seite 192

Tabellarische Aufzählung der Kapitelle und ihrer Tonsymbole

Kapitell 1, Abbildung 38, Seite 192

1. Kapitell **1. Ton „f"**

„Das Martyrium der beiden Apostelfürsten"

Das Martyrium ist der Sieg über die sündige Welt. Daher beginnt der Choral mit dem Siegton „f", und nicht, wie der anwesende Engel andeuten würde, mit „g" oder „a".

2. Kapitell (arabisierend) **2., 3. Ton „f–f"**

„Im Anfang war das Wort"

Das Kapitell kann als Zeichen des Sieges des Wortes Gottes über das Böse gedeutet werden, also zweimal der Siegton „f".

3. Kapitell **4. Ton „d"**

„Adam und Eva"

Gen 3,24

Der Engel, der die beiden aus dem Paradies vertreibt, könnte spekulativ für den Herrn des Tonsystems stehen, also bekommt der Choral hier ein „d".

4. Kapitell **5., 6. Ton „g–f"**

„Akanthuskapitell"

Ohne Tonsymbole. Es sind die Töne aus dem uns bekannten Choral zu ergänzen.

5. Kapitell **7. Ton „e“** Abbildung 30, Seite 170
„Das Martyrium des heiligen Laurentius“
Zwei Ziegen sind als Opfertiere am Echinus dargestellt, demnach entspricht diese Säule einem „e“.

6. Kapitell **8., 9. Ton „g–a“** Abbildung 19, Seite 103
„Die Fußwaschung“ Joh 13,1-20
Clipeus tragende Engel am Echinus zeigen die Töne „g“ und „a“ an.

7. Kapitell **10. Ton „a“** Abbildung 14, Seite 87
„Palmblätter“
Im Spiralband des Echinus sind in die Medaillons Vögel gesetzt, daher „a“.

8. Kapitell **11., 12. Ton „c–h“** Abbildung 21, Seite 107
„Gleichnis vom reichen Mann und dem armen Lazarus“ Lk 16, 19-31
Am Echinus Engelköpfe mit Adlerflügeln in heraldischer Form, also ein „c“. Da es sich um eine Doppelsäule handelt, fehlt der Hinweis auf den zweiten Ton, das „h“.

9. Kapitell **13. Ton „c“** Abbildung 25, Seite 136
„Adlerähnliche Mischwesen“
Adler, die menschliche Köpfe halten, verlangen ein „c“.

10. Kapitell **14. Ton „h“**

„Flügel“ (Vogelwesen?) **und „betende Menschen“** (Oranten?)

Auf diesem Kapitell, wie auf den drei nächsten, ist kein Tonsymbol zu finden.

11. Kapitell **15., 16. Ton „c–c“**

Joh 2,1-11

„Die Hochzeit zu Kana“

12. Kapitell **17. Ton „c“**

„Weinranken und Pinienzapfen“

13. Kapitell **18., 19. Ton „d–c“**

Mt 2,1-11.16-17

„Die Anbetung der Könige“ und „der Bethlehemitische Kindermord“

14. Kapitell **20. Ton „c“**

„Blattkapitell“

Greifen und Adler am Echinus zeigen ein „c“ an. Die Zeichen sind aber nicht eindeutig, denn es erscheinen grinsende Löwenköpfe anstatt der Voluten und der Konsolblöcke, was ein „f“ implizieren würde.

15. Kapitell **21., 22. Ton „a–a“**

„Akanthuskapitell“

Ohne Tonsymbol.

16. Kapitell **23. Ton „c“**

„Das Martyrium des heiligen Saturninus von Toulouse“

Auf der Nordseite ist ein Stier zu sehen, der den Heiligen zu Tode schleift. Er kann aber nicht als Tonsymbol verstanden werden, weil der Choral hier ein „c“ braucht.

17. Kapitell **24., 25. Ton „c–a“**

„Akanthuskapitell“

Ohne Tonsymbol, aber für die Gliederung des Chorals von Bedeutung. siehe Seite 197

18. Kapitell **26. Ton „g“**

„Das Martyrium der drei spanischen Heiligen Fructuosus, Augurius und Eulogius aus Tarragona“

Engel, die die Mandorla, in der sich die Seelen der drei Heiligen befinden, in den Himmel tragen, zeigen das „g“ an.

19. Kapitell **27., 28. Ton „a–a“**

„Verkündigung und Heimsuchung“ Lk 1,26-56

Die anwesenden Engel sind die Tonsymbole für die beiden „a“. Abbildung 15, Seite 89

20. Kapitell **29., 30. Ton „a–a“**

„Das Engelskapitell“

Ein zweiter Engel als Zeuge beim apokalyptischen Kampf Michaels mit dem Drachen zeigt „a“ an. Abbildung 24, Seite 132

Abbildung 23, Seite 128

21. Kapitell **31. Ton „h“**

„Adler“ mit „AQ[u]ILA“ bezeichnet

Die Fische am Echinus zeigen das „h“ an.

Abbildung 35, Seite 180

22. Kapitell **32., 33. Ton „g–f“**

„Pflanzenkapitell“

Der Echinus zeigt an den Schmalseiten je zwei Ziegen (sie würden ein „e“ anzeigen) und an den Langseiten je zwei Löwen für „f“. Das „g“ wird nicht (oder falsch) angezeigt.

Abbildung 9, Seite 69

23. Kapitell **34. Ton „g“**

„Der heilige Benedikt von Nursia“

Ohne Tonsymbol.

Abbildung 34, Seite 179

24. Kapitell **35., 36. Ton „a–a“**

„Vogelkapitell“

Am Korb als auch im Rankenband des Echinus sind Vögel dargestellt, also zwei „a“.

Abbildung 22, Seite 117

Apg 3,1-10

25. Kapitell **37. Ton „a“**

„Szenen aus dem Leben Petri“

Ohne Tonsymbol.

26. Kapitell **38., 39. Ton „h–g“**

„Weinrankenkapitell“

Abbildung 36, Seite 181 und Abbildung 37, Seite 182

Am Echinus auf der Langseite ist ein gesatteltes Pferd zu sehen, das ein „h“ angibt, und auf der Breitseite Kraniche (Trappen), die ein „g“ anzeigen.

27. Kapitell **40. Ton „g“**

„Engelskapitell“

Abbildung 41, Seite 203

Die Engel geben ein „g“ an.

28. Kapitell **41., 42. Ton „f–e“**

„Der wundersame Fischzug und die Berufung der Apostel Petrus, Andreas, Jakobus und Johannes“

Abbildung 10, Seite 74 und Abbildung 11, Seite 75
Joh 21,3-13

Ohne eindeutige Tonsymbole.

29. Kapitell **43., 44. Ton „f–f“**

„Daniel in der Löwengrube“

Abbildung 32, Seite 174
Dan 14,23-42

Es hat den Anschein, als wäre dieses Kapitell, an dem einst das Brunnenhaus ansetzte, mit Kapitell 42, dem zweiten Ansatz des Brunnenhauses, vertauscht worden. Beide Kapitelle zeigen dasselbe Thema. Kapitell 42 verlangt mit der Darstellung „Daniel in der Löwengrube“, das dort neben der Verkündigung an die Hirten dargestellt ist, genauso wie Kapitell 29 zwei „f“. Das ist insofern eigenartig, als für „f“ sieghafte Löwen dargestellt sein müssten. Da sie aber Daniel zu seinem Sieg verhelfen, sind sie im Verständnis des

Nach Meyer Schapiro setzte das Brunnenhaus am Nordpfeiler neben Kapitell 29 an. Siehe Meyer Schapiro, Seite 234 und Seite 455, Anmerkung 68. Heute sind noch die Bogenansätze am Nordpfeiler zwischen Kapitell 28 und 29 und über Kapitell 42 zu sehen.

romanischen Menschen sieghaft, weil sie für die Vorsehung nötig sind.
Am Echinus sind Vögel und Greifen zu sehen, die „g" und „a" verlangen. Das ließe den Schluss der Vertauschung zu, weil das Kapitell 42 „g" und „a" bräuchte und hier auf Kapitell 29 zwei „f" notwendig wären.

Abbildung 3, Seite 26

30. Kapitell **45. Ton „e"**

„Christliche Ritter vor Jerusalem"

Im Rankenfries am Echinus ist in dessen Mitte an den Schmalseiten je eine Taube eingefügt. Die Taube ist das Opfertier der armen Leute und steht somit für ein „e".

Abbildung 12, Seite 81

31. Kapitell (arabisierend) **46., 47. Ton „e–e"**

„Pflanzenornamente"

Ohne Tonsymbol. Das „e" vom vorhergehenden Kapitell gilt wegen des Kadenzschlusses weiterhin.

Abbildung 2, Seite 21

32. Kapitell **48. Ton „e"**

„Die vier Evangelisten"

Sie sind in Menschengestalt mit Köpfen, die den jeweiligen Evangelistensymbolen entsprechen, dargestellt. Es kämen Löwe, Adler und Stier als Zeichen für Noten in Frage. Der Stierkopf des Lukas ist daher wohl kaum als das hier notwendige Zeichen für „e" zu deuten.

33. Kapitell **49., 50. Ton „c–f"**

„Vogelkapitell"

Vögel zeigen „a" an, was hier eindeutig falsch ist (Vertauschung?).

34. Kapitell **51. Ton „g"**

„Die drei Jünglinge im Feuerofen" Dan 3,1-27

Ein Engel, der als „ANG[e]LVS DO[mi]NI" bezeichnet ist, zeigt ein „g" an. Außerdem befinden sich am Echinus Engelpaare mit je einem Clipeus oder einer Mandorla.

35. Kapitell **52., 53. Ton „g–g"** Abbildung 7, Seite 50

„Das Martinskapitell"

Engel am Korb und Greifen am Echinus symbolisieren zwei „g".

36. Kapitell **54. Ton „h"**

„Arabisierende Ornamentik"

Ohne Tonsymbol.

37. Kapitell **55., 56. Ton „a–a"** Abbildung 28, Seite 148

„Jesus und die Samariterin"

Drei Jünger werden von einem Engel zu Jesus geführt, was nicht dem Evangelium entspricht. Er zeigt uns „a" an. Joh 4,7-27

38. Kapitell **57., 58. Ton „g–g"**

„Abraham opfert Isaak"

Gen 22,1-14

Zwei Engel geben dem Opfer (das eigentlich ein „e" fordern würde) eine neue Wendung. Sie zeigen ein „g" an.

Abbildung 16, Seite 93

39. Kapitell **59. Ton „a"**

„Der Triumph des Kreuzes"

Am Echinus zeigen Harpyien das „a" an.

Abbildung 18, Seite 101

40. Kapitell **60., 61. Ton „a–f"**

„Akanthuskapitell"

Ohne Tonsymbol.

Abbildung 27, Seite 140

41. Kapitell **62. Ton „f"**

„Vogelkapitell"

Am Echinus erscheinen monocephale Löwen, die als „zerfallende", also nicht sieghafte Wesen, kein „f", sondern ein „e" symbolisieren würden.

42. Kapitell **63., 64. Ton „g–a"**

„Verkündigung an die Hirten und Daniel in der Löwengrube"

Lk 2,8-14

Dan 14,23-42

Auf dem Korb sind eine Reihe von Tieren wie Hund, Esel, Rind und Ziege und eine zweite Szene, „Daniel in der Löwengrube", dargestellt. Die Löwen würden zwei „f" anzeigen. Aus diesem Grund ist anzunehmen, dass dieses Kapitell mit Kapitell 29 vertauscht worden ist, welches am falschen Ort, „g–a" verlangt (Vögel und Greifen).

43. Kapitell **65. Ton „h"**

„Palmzweige"

Es folgen einige Kapitelle, auf denen Tonzuweisungen nicht feststellbar oder überhaupt falsch sind. Nach Stefan Trümpler ist davon auszugehen, dass anlässlich der Neugestaltung im 13. Jahrhundert der Kapitellzyklus in Teilen durcheinandergeriet.

Stefan Trümpler: Neue Forschungen zu Moissac. Dissertation, Universität Bern, 1987, zitiert nach Thorsten Droste, Seite 66.

44. Kapitell **66., 67. Ton „g–a"**

„Diabolische Wesen"

45. Kapitell **68. Ton „e"**

„Die Auferweckung des Lazarus"

Rechtfertigt der Hinweis im Johannesevangelium, dass die Hohepriester ab diesem Zeitpunkt danach trachteten, Jesus zum Tode verurteilen zu lassen, ein „e" für den Opfertod?

Joh 11,17-53

46. Kapitell **69., 70. Ton „g–f"**

„Stilisierte Blattformen"

47. Kapitell **71. Ton „g"**

Abbildung 26, Seite 138

„Nackte Menschen, sich Basilisken vom Leib haltend"

Die Schmalseiten des Echinus zeigen in der Mitte lange Vogelhälse (Kraniche?), die ein „g" fordern.

48. Kapitell **72. Ton „f"**

„Die Salbung Davids"

1 Sam 16,1-13 Samuel führt im Auftrag Gottes ein Kalb zur Opferung mit sich. Das ist, isoliert betrachtet, ein eindeutiges Symbol des Tones „e" (Opfertier). Es fällt schwer zu glauben, dass der Choral hier ein „f" verlangt. Entweder dieses Kapitell ist mit Kapitell 50 vertauscht worden, wo ein „e" gebraucht würde, aber der Löwe ein „f" verlangt, oder es ist dieselbe Situation wie auf Kapitell 29.

49. Kapitell (arabisierend) **73., 74. Ton „f–e"**

„Blattkapitell"

Ohne Tonsymbol.

50. Kapitell **75. Ton „e"**

„Vögel und Löwen"

Die Vögel (Adler) werden von Löwen festgehalten, die aufrecht stehend die Ecken zieren. Damit sind sie „festgehaltene Opfertiere", die ein „e" fordern.

51. Kapitell **76., 77. Ton „e–f"**

„Palmblätter"

Ohne Tonanzeige. Sie ist auch nicht nötig, da die vierte Phrase des Chorals wieder mit demselben Ton weiterläuft, mit dem die dritte Phrase geschlossen hat („e").

52. Kapitell **78. Ton „f“**

„Personifikationen der Seligpreisungen“

Die Seligpreisungen als Darstellung des Sieges über die menschlichen Laster zu interpretieren, ist doch ziemlich spekulativ. Es würde freilich das hier geforderte „f“ rechtfertigen.

53. Kapitell **79., 80. Ton „f–d“** Abbildung 13, Seite 84

„Löwenkapitell“

Der „falsch Betende“ wird von den Löwen besiegt, die ein „f“ fordern. Der zweite Ton des Doppelkapitells, „d“, wird nicht angezeigt.

54. Kapitell **81. Ton „g“** Abbildung 33, Seite 176

„Kain und Abel“

Über dem Altar schwebt ein Engel zu Abel herab, um sein Opfer anzunehmen. Außerdem befindet sich hinter Gott noch ein zweiter, ihn akklamierender Engel. Beide Engel weisen auf ein „g“ hin. Gen 4,3-9

55. Kapitell **82., 83. Ton „g–a“**

„Ranken und Weinblätter“

Ohne Tonsymbole.

56. Kapitell **84. Ton „e“**

„Die Himmelfahrt Alexanders des Großen“

Mit falschem Tonsymbol (Engel am Echinus).

57. Kapitell **85., 86. Ton „g–g“**

„David gegen Goliath“

1 Sam 17,41-51

Beim Sieg Davids über Goliath steht David ein Engel bei. Er symbolisiert hier zweimal ein „g“.

58. Kapitell **87., 88. Ton „g–c“**

Mt 14,3-12
Mk 6,17-19

„Hinrichtung Johannes des Täufers“

Ohne Tonsymbol.

Abbildung 4, Seite 33

59. Kapitell **89. Ton „c“**

„Vögel in stilisierten Ästen“

Am Echinus heraldische Adler für ein „c“.

60. Kapitell **90., 91. Ton „h–c“**

„Das Große Babylon“

Ohne Tonsymbol.

61. Kapitell **92. Ton „g“**

„Vogelkapitell“

Die Vögel verlangen ein „g“.

62. Kapitell **93., 94. Ton „g–g“**

Dan 4,2-34

„Daniel am Hofe des Königs Nebukadnezar“

Der Engel, der zu Nebukadnezar herabsteigt, zeigt zweimal „g“ an.

63. Kapitell **95. Ton „g"**

„Das Martyrium des heiligen Stephanus" Apg 7,54-59

Ohne Tonsymbol. Die neue Phrase beginnt mit dem gleichen Ton, mit dem die vorhergehende endete. Daher ist keine Tonanzeige nötig.

64. Kapitell **96., 97. Ton „a–g"**

„Akanthuskapitell"

Mit falscher Tonanzeige (Vertauschung?).

65. Kapitell **98. Ton „d"**

„David und seine Musiker" 1 Chr 16,4-42

Am Echinus sind Wesen dargestellt, die wie Greifen und Pfauen aussehen. Hier am Musikerkapitell wird der Grundton der Musik, „d", angezeigt.

66. Kapitell **99., 100. Ton „g–f"**

„Das Himmlische Jerusalem"

Ohne Tonsymbol.

67. Kapitell **101., 102. Ton „e–f"** Abbildung 5, Seite 45

„Der Erzengel Michael besiegt den Drachen"

Michael fesselt („e") den Drachen laut Apokalypse für tausend Jahre, muss ihn jedoch kurz wieder freilassen. Schließlich fährt Feuer vom Himmel, verbannt den Drachen in die Tiefe des Abgrunds und besiegt ihn endgültig, was den Siegton „f" ergibt. Offb 20,1-3.7-9

Abbildung 6, Seite 47

68. Kapitell **103. Ton „e“**

„Die vier Evangelisten“

Am Echinus monocephale (zerfallende) Löwen, die ein „e“ rechtfertigen.

69. Kapitell **104., 105. Ton „d–f“**

Mk 7,24-30
Lk 7,1-10

„Zwei Wunder Christi“

Am Echinus könnten vogelähnliche Wesen mit aus Blättern zusammengesetzten Flügeln als Pfauen identifiziert werden. Damit wäre ein „d“ angezeigt. Wenn wir die Heilungen, die die Wunder Christi bewirken, spekulativ als Sieg auffassen, wäre auch das „f“ gegeben.

Abbildung 29, Seite 150

70. Kapitell **106. Ton „a“**

Lk 10,30-35

„Das Gleichnis vom barmherzigen Samariter“

Am Echinus Singvögel in Pflanzenranken, die ein „a“ anzeigen.

71. Kapitell **107., 108. Ton „g–g“**

Mt 4,1-11

„Die Versuchungen Christi“

Nach den Versuchungen Christi dienen zwei Engel dem Herrn, indem sie ihm Kleidung und Nahrung bringen. Sie symbolisieren zwei „g“.

Abbildung 17, Seite 99

72. Kapitell **109. Ton „e“**

„Die Vision des Johannes“

Offb 1,9-11.14,14-18

Es sind drei apokalyptische Szenen dargestellt. Am Echinus greifen schlangenförmige Vögel nach Menschenköpfen, die sich in der Mitte und an den Kanten befinden, was den Opferton „e“ rechtfertigt.

73. Kapitell **110., 111. Ton „e–g“**

„Die Verklärung Christi“

Diese Szene könnte in spekulativer Weise als dramatischer Vorgang gedeutet werden: vom Opfer zur strahlenden Verklärung, also im Choral vom „e“ zum „g“.

Mt 17,1-9; Mk 9,2-10; Lk 9,28-32

74. Kapitell **112. Ton „f“**

„Die Gefangenschaft und Befreiung Petri aus dem Kerker“

Abbildung 39, Seite 199 und Abbildung 40, Seite 200
Apg 12,3-11

Petrus wird von einem Engel aus dem Kerker herausgeführt. Er ist damit frei und hat durch Gottes Hilfe über das Böse gesiegt. Der Choral verlangt hier den Siegton „f“.

75. Kapitell **113., 114. Ton „g–f“**

„Die Taufe Christi“

Mt 3,13-17

Engel an den beiden Schmalseiten fordern ein „g“, und die Taufe selbst ist der Beginn unserer Erlösung, der Anfang des Sieges über das Böse, was ein „f“ fordert.

76. Kapitell **115., 116. Ton „e–e“**

Abbildung 31, Seite 172

„Simson, der Löwenbezwinger“

Ri 14,5-6

Es ist der Ton des besiegten Löwen, das „e“, gefordert, Finalton und Schluss des Chorals.

Abkürzungen

Zu den Bibelzitaten:

Apg	Apostelgeschichte, NT
1 Chr	1. Buch der Chronik, AT
Dan	Das Buch Daniel, AT
Dtn	Das Buch Deuteronomium, AT
Eph	Der Brief an die Epheser, NT
Ez	Das Buch Ezechiel, AT
Gen	Das Buch Genesis, AT
Hebr	Der Brief an die Hebräer, NT
Joh	Das Evangelium nach Johannes, NT
1 Kor	Der erste Brief an die Korinther, NT
2 Kor	Der zweite Brief an die Korinther, NT
Lk	Das Evangelium nach Lukas, NT
Mk	Das Evangelium nach Markus, NT
Mt	Das Evangelium nach Matthäus, NT
Offb	Die Offenbarung des Johannes, NT
Ps	Die Psalmen, AT
Ri	Das Buch der Richter, AT
Röm	Der Brief an die Römer, NT
1 Sam	Das erste Buch Samuel, AT
Weish	Das Buch der Weisheit, AT

Tonsymbole:

T Ton

G Grundton; Symbol: Pfau, Greif, entspricht dem Ton „d“

O 2. Ton; Ton des Opfers, des Leidens; Symbol: Stier, Ziege, Taube, besiegter Löwe oder Drache, entspricht dem Ton „e“

S 3. Ton; Ton des Sieges; Symbol: Löwe, Fabeltier, entspricht dem Ton „f“

E 4. Ton; Symbol: Engel, Kranich, Greif, entspricht dem Ton „g“

V 5. Ton; Symbol: Singvogel, Engel, entspricht dem Ton „a“

P 6. Ton; Symbol: Pferd, Fisch, entspricht dem Ton „h“

A 7. Ton; Symbol: Adler, entspricht dem Ton „c“

Stichwortverzeichnis

Abakus, rechteckige oder quadratische Deckplatte des →Kämpfers eines Kapitells, auf dem die →Arkade oder das Gebälk aufliegt.

Akanthus, distelartige Pflanze aus dem Mittelmeergebiet. Ihre Blätter werden stilisiert auf →korinthischen und →Kompositkapitellen abgebildet. Sie ist nach einer griechischen Legende Symbol für die Unsterblichkeit.

Antifonar, Römisches, amtliches liturgisches Buch mit den vorgeschriebenen Gebeten, Lesungen, Gesängen und Anweisungen für die liturgischen Handlungen in der römisch-katholischen Kirche.

Apex (Plural Apices), Hornscheiben mit Zahlzeichen von Eins bis Neun, die zum Rechnen auf dem Rechenbrett (auch Abakus genannt) verwendet wurden.

Arkade, offener Bogen über zwei Säulen oder Pfeilern; kann rund, hufeisenförmig oder spitzbogig ausgeführt sein.

authentisch, →plagal.

Basilisk, Mischwesen aus Vogel (Hahn) und Schlange, mit todbringendem Blick.

Chrismon, Christusmonogramm; Symbol für den Namen Christi, das aus dessen griechischen Anfangsbuchstaben „X“ (CHI) und „P“ (RHO) zusammengefügt ist.

Clipeus, Rundschild mit Porträt; kommt aus dem kaiserlichen Hofzeremoniell in Rom (und Byzanz) und wurde von den Christen übernommen, um Christus oder die Seelen von Heiligen in triumphierender Weise darzustellen.

diatonisch, Tonleiter (Skala), die die Oktave in fünf Ganz- und zwei Halbtöne teilt.

Dormitorium, Schlafsaal der Mönche.

Ecclesia, das Volk Gottes, die Kirche des Neuen Testaments. In der Bildenden Kunst als gekrönte Frau meist mit einem Kreuz oder einer Fahne und/oder einem Kelch dargestellt.

Echinus, nach unten abgeschrägte Platte des →Kämpfers eines Kapitell, über dem sich der Abakus befindet.

entäußern, im Mittelalter gebräuchliches Wort; etwas von sich selbst weggeben, auf etwas verzichten.

Gematria (hebräisch), Deutung und geheime Vertauschung von Wörtern mit Hilfe des Zahlenwertes ihrer Buchstaben. So ergibt zum Beispiel im Griechischen das Wort SIMON (Σ I M Ω N) 76: 18 + 9 + 12 + 24 + 13 = 76. Bei den Griechen Isopsephie (Psephos-Spekulation) genannt.

Gemme, Bezeichnung für einen geschnittenen Edelstein, in den Zeichen vertieft eingearbeitet sind.

Gemmenkreuz, ein reich mit →Gemmen geschmücktes Kreuz, das eine Reliquie bergen kann.

Greif, Fabelwesen mit Adlerkopf, löwenartigem Körper, vier Füßen und zwei mächtigen Flügeln. Da er die Eigenschaften von Adler und Löwe in sich vereint, ist er im christlichen Glauben ein Symbol für Jesus (Gott und Mensch).

Harpyie, Fabelwesen mit menschlichem Kopf, weiblichen Brüsten und Vogelkörper.

Introitus, Einzugslied (Eingang) der römischen Messfeier, seit dem 5. Jahrhundert gebräuchlich. Er besteht aus einer Antifon (dem Teil, der im Kreuzgang von Moissac an den Kapitellen verschlüsselt ist), die an Festtagen in der Regel meist dreimal wiederholt und von einem Psalmvers und der Doxologie (Gloria Patri/Ehre sei dem Vater) unterbrochen wird. Die zwei- oder dreifache Wiederholung der Antifon bedeutete im Mittelalter erhöhte Feierlichkeit. In Klöstern wurde der Gesang beim Einzug in die Kirche bereits im Kreuzgang begonnen.

Kadenz, Schlussformel eines Melodieabschnittes, einer Melodie oder eines Musikstückes.

Kämpfer, Aufsatz auf dem Kapitell, der die Verbindung von der Säule/dem Pfeiler zur darauf liegenden Mauer (Arkade oder Gebälk) herstellt und so den Schub auf die Säule/den Pfeiler überträgt. Er besteht meist aus →Echinus und →Abakus.

Kapitell, Kopf einer Säule, eines Pilasters oder Pfeilers. Vermittelt formal zwischen Stütze (Säule, Pfeiler) und Last (Mauerwerk).

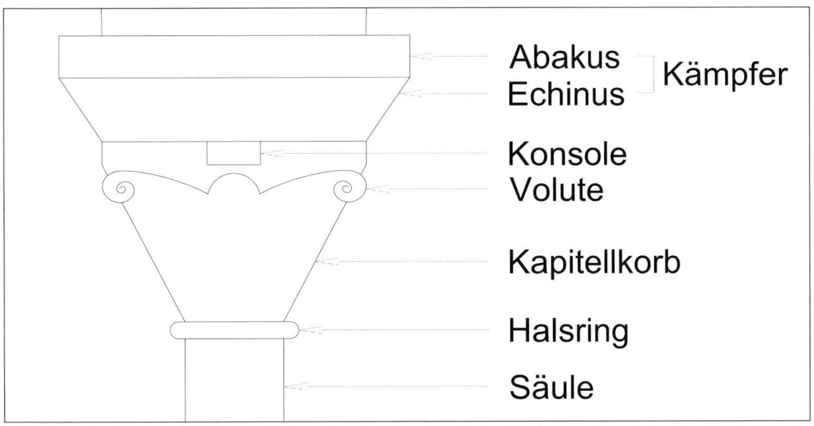

Kapitelsaal, Raum zur Versammlung des Konvents (Ordensverbands) zur täglichen Anhörung eines Kapitels aus der Regel des heiligen Benedikt und zur Mitteilung wichtiger Beschlüsse und Ereignisse (zum Beispiel Abtwahl, Tod eines Mitbruders).

Katechumene, (erwachsener) Teilnehmer am Vorbereitungsunterricht für die Taufe.

Kollationsflügel des Kreuzgangs, der Teil des Kreuzgangs, der an die Kirche anschließt und in dem die Abendlesung vorgenommen wird.

Kompositkapitell, wird aus Teilen des ionischen und korinthischen Kapitells zusammengesetzt: ionische Voluten (schneckenförmig) und korinthischer Blätterschmuck (Akanthusblätter).

Konsole, auch Kragstein genannt; aus der Mauer oder dem Kapitellkorb hervorspringender Stein, der meist verziert ist und als Auflager für die darauf liegenden Teile (Bögen, Gesimse, Kämpferplatten) dient.

Kryptogramm, ein Wort (oder Text), bei dem die Buchstaben (oft auch nur die eigens bezeichneten) einen weiteren, geheimen Text mit einer ganz anderen Bedeutung ergeben. Es handelte sich häufig um Losungsworte.

Kufische Schrift, eine der ältesten bekannten Formen der arabischen Schrift.

magische Zahl, bei Pythagoras Dreieckszahl genannt; die Summe der Zahlenfolge bis zur gefragten Zahl selbst (zum Beispiel die magische Zahl von 7: $1 + 2 + 3 + 4 + 5 + 6 + 7 = 28$).

Mandorla, in frühchristlicher Zeit ein mandelförmiges Medaillon, später die Bezeichnung für die mandelförmige Aureole (den Ganzkörpernimbus) der göttlichen Herrlichkeit, die die ganze Figur umfasst.

Melisma, melismatisch; ein Melodiebogen (mehrere Töne), der auf eine Textsilbe gesungen wird.

monocephal, Wesen, die zwei Körper und einen gemeinsamen Kopf haben. Sie sind Symbole für Menschen, die in einen dem Himmel und einen der Erde zugewandten Körper „zerfallen".

monolithisch, aus einem einzigen Steinblock bestehend.

Mozaraber, die unter arabischer Herrschaft lebenden spanischen Christen der Maurenzeit (711–1492).

Neumen, Notationszeichen der einstimmigen frühmittelalterlichen Musik vor der Entstehung der auf Liniensystemen aufbauenden Notenzeichen. Sie bestehen aus Punkten, Strichen, Bögen und Häkchen und zeigen den Stimmverlauf nur ungefähr an.

Nimbus, Heiligenschein; kommt von dem antiken Strahlenkranz, der in den künstlerischen Darstellungen das Haupt einer göttlichen oder heiligen Person umgibt.

Numerus perfectus, eine Zahl, die die Summe ihrer eigenen Divisoren ist (1 + 2 + 4 + 7 + 14 = 28).

Oktav eines Festes/Oktavtag, manche hohen Feste haben in der katholischen Liturgie eine achttägige Festfeier. Besonders der letzte Tag (Oktav = der achte Tag) wird als Nachklang und Abschluss gefeiert.

Orant, Betender; seit frühchristlicher Zeit mit erhobenen Armen und nach oben weisenden Handflächen dargestellt.

Palmettenfries, Fries aus stilisierten Palmblättern als ornamentales Motiv.

Parusiekreuz, Triumphkreuz, das die Wiederkehr des Herrn anzeigt. Es symbolisiert den Sieg Christi über Sünde und Tod am Kreuz. Christus ist daher immer (wenn überhaupt) lebendig mit offenen Augen und erhobenem Kopf dargestellt.

peripatetisch, umherwandelnd; kommt von griechischen Philosophen, die in Wandelgängen unterrichteten.

Pfeilfalte, Falte am unteren Kleidungssaum von Jesus und wichtigen Heiligen in der Form eines auf die Spitze gestellten Dreiecks.

Phrase, in der Musik die sinnvolle Zusammenfassung musikalischer Gedanken (Motive) zu einem geschlossenen Abschnitt (einem Melodieteil), der einen Einschwingteil und einen Schlussteil besitzt.

plagal, Begriff aus der mittelalterlichen Musiktheorie. Es gab auf ein und demselben Ton zwei Modi, den authentischen und den plagalen Modus (Tonart). Beide haben den gleichen Grundton. Sie unterscheiden sich hauptsächlich dadurch, dass beim plagalen Modus der Grundton in der Mitte des Oktavraums liegt, er daher um eine Quarte nach unten ausgreift, während er beim authentischen am Anfang des Oktavraums liegt. So gab es auf einem Ton zwei Skalen, „Kirchentöne" genannt: auf dem „d" steht daher der erste (authentische) und der zweite (plagale) Kirchenton, auf dem „e" der dritte und vierte und so weiter.

Präfation, das Hochgebet der katholischen Messe, mit dem der Kanon der Messe eröffnet wird. Es mündet zum Schluss immer in das Engellob, das „Sanctus", ein.

Präfiguration, Vorausformung. In Personen und Ereignissen vor dem Wirken Christi (hauptsächlich des Alten Testaments) werden spätere heilsgeschichtliche Personen und Ereignisse als vorgebildet (präfiguriert) betrachtet.

Psephos-Spekulation, →Gematria.

Reconquista, die Rückeroberung der von den Mauren besetzten, spanischen Gebiete durch christliche Heere ab dem Jahr 711.

Refektorium, Speisesaal der Mönche.

Sarazenen, ein im Mittelalter gebräuchlicher Name für Araber, wie überhaupt für alle Muslime.

Synagoga, allgemein das Symbol für das Judentum; wird in der Bildenden Kunst als Frau dargestellt, der die Krone vom Haupt rutscht, deren Fahne gebrochen ist und deren Blindheit manchmal durch verbundene Augen zum Ausdruck kommt.

terrestrisch, erdgebunden, erdbezogen. Eine terrestrische Maske symbolisiert die Erde.

Tetramorph, Viergetier. Im Buch Ezechiel 1,10 erscheinen in einer Gottesvision vier geflügelte Tetramorphe, also Wesen mit je vier Gesichtern, aus denen sich in der Offenbarung des Johannes 4,7 vier Wesen mit den Gesichtern von Mensch, Löwe, Stier und Adler entwickelten. Seit dem Kirchenlehrer Irenäus (2. Jahrhundert) werden die vier Wesen zu den Symbolen für die vier Evangelisten: Mensch = Matthäus, Löwe = Markus, Stier = Lukas, Adler = Johannes.

Tintinnabulum, ein oder mehrere Klanghölzer, die in einer Nische neben dem Kapitelsaal (manchmal auch im Refektorium und im Dormitorium) aufgehängt und wie Glocken angeschlagen wurden, um wichtige Nachrichten (Tod eines Mitbruders) bekanntzumachen.

Tritonus, das Intervall (oder die aufsteigende Folge) von drei aufeinander folgenden Ganztönen, das in der Musik zu verwenden ab dem 13. Jahrhundert verpönt war.

Typologie, Lehre von den →Präfigurationen.

Viergetier, →Tetramorph.

Volute, spiralförmige Einrollung, die häufig an Kapitellen, Konsolen und Giebeln vorkommt.

Verwendete Literatur

Agustoni, Luigi/Göschl, Johannes Berchmans: *Einführung in die Interpretation des Gregorianischen Chorals*. Regensburg, Bosse, 1987.

Battistini, Matilde: *Symbole und Allegorien*. Bildlexikon der Kunst. Band 3, Berlin, Parthas, 2003.

Beigbeder, Oliver: *Lexikon der Symbole*. Würzburg, Zodiaque-Echter, 1998.

Belting, Hans: *Bild und Kult*. Eine Geschichte des Bildes vor dem Zeitalter der Kunst. München, C. H. Beck, 2000.

Beuroner Kongregation (Hg.): *Die Regel des Heiligen Benedikt*. Mit den Deklarationen für die Mönchsklöster, den Statuten und dem Directorium spirituale der Beuroner Benediktiner Kongregation. Abtei Gerleve, 1965.

Champeaux, Gérard de/Sterckx, Sébastien: *Einführung in die Welt der Symbole*. Würzburg, Echter, 1990.

Cherry, John: *Fabeltiere*. Stuttgart, Reclam, 1997.

Cloedt, Filips de u.a.: *Benedictus*. Symbol abendländischer Kultur. Stuttgart/Zürich, Wissenschaftliche Buchgesellschaft, 1998.

Droste, Thorsten: *Die Skulpturen von Moissac*. Gestalt und Funktion romanischer Bauplastik. München, Hirmer, 1996.

Eco, Umberto: *Kunst und Schönheit im Mittelalter*. München/Wien, Carl Hanser, 1991.

Giesel, Helmut: *Studien zur Symbolik der Musikinstrumente im Schrifttum der alten und mittelalterlichen Kirche*. Regensburg, Bosse, 1978.

Grotefend, Hermann: *Taschenbuch der Zeitrechnung des deutschen Mittelalters und der Neuzeit*. Hannover, Hahnsche Buchhandlung, 1991.

Huizinga, Johan: *Herbst des Mittelalters*. Studien über Lebens- und Geistesformen des 14. und 15. Jahrhunderts in Frankreich und den Niederlanden. Stuttgart, Alfred Kröner, 1987.

Ifrah, Georges: *Universalgeschichte der Zahlen*. Frankfurt/Main, Campus, 1991.

Interdiözesaner Katechetischer Fond (Hg.): *Die Bibel in der Einheitsübersetzung der Heiligen Schrift*. Klosterneuburg, Österreichisches Katholisches Bibelwerk, 1986.

Johner, Dominicus: *Wort und Ton im Choral*. Leipzig, VEB Breitkopf & Härtel, 1953.

Johner, Dominicus/Pfaff, Maurus: *Choralschule*. Regensburg, Friedrich Pustet, 1956.

Kemp, Wolfgang: *Christliche Kunst.* München, Schirmer/Mosel, 1994.

Kirschbaum, Engelbert/Braunfels, Wolfgang: *Lexikon der christlichen Ikonographie.* Freiburg im Breisgau, Herder, 1994.

Kottmann, Albrecht: *Das Geheimnis romanischer Bauten.* Maßverhältnisse in vorromanischen und romanischen Bauwerken. Stuttgart, Hoffmann, 1971.

Lurker, Manfred: *Symbol, Mythos und Legende in der Kunst.* Die symbolische Aussage in Malerei, Plastik, Architektur. Baden-Baden, Valentin Koerner, 2000.

Meyer, Heinz/Suntrup, Rudolf: *Lexikon der mittelalterlichen Zahlenbedeutungen.* München, Fink, 1987.

Molsdorf, Wilhelm: *Christliche Symbolik der mittelalterlichen Kunst.* Nachdruck, Graz, Adeva, 1984.

Müller, Ulrich: *Dämonen, Monster, Fabelwesen.* St. Gallen, UVK, 1999.

Müssigbrod, Axel: *Die Abtei Moissac 1050–1150.* Zu einem Zentrum cluniacensischen Mönchtums in Südwestfrankreich. München, Wilhelm Fink, 1988.

Niklaus, Hans-Georg: *Die „Kosmogonie" Marius Schneiders – Wissenschaft, Philosophie, Mythos?*, in: Harmonik & Glasperlenspiel. München, Neubäcker, 1995.

Pasquinelli, Barbara: *Körpersprache.* Gestik, Mimik, Ausdruck. Bildlexikon der Kunst. Band 15, Berlin, Parthas, 2007.

Quiñones, Ana Maria: *Pflanzensymbole in der Bildhauerkunst des Mittelalters.* Würzburg, Echter, 1998.

Rupprecht, Bernhard/Hirmer, Max: *Romanische Skulptur in Frankreich.* München, Hirmer, 1984.

Schapiro, Meyer: *Romanische Kunst.* Ausgewählte Schriften. Köln, DuMont, 1987.

Schneider, Marius: *Singende Steine.* Rhythmus-Studien an drei romanischen Kreuzgängen. München, Heimeran, 1978.

Schöpf, Hans: *Fabeltiere.* Graz, Adeva, 1988.

Seel, Otto (Übertragung und Erläuterung): *Der Physiologus.* Tiere und ihre Symbolik. Zürich, Artemis & Winkler, 1995.

Société de S. Jean L'Évangéliste: *Gregorianischer Choral der Vatikanischen Ausgabe.* Tournai, Desclée & Cie, 1953.

Straub, Dieter: *Delphische Paiane.* Gedichte, Radierungen, Kompositionen. Berlin, Alphaia, 2009.

Thoumieu, Marc: *Die Bildwelt der Romanik.* Regensburg, Schnell und Steiner, 1998.

Ullmann, Ludwig (Übersetzung): *Der Koran.* Das heilige Buch des Islam. München, Goldmann, 1986.

Vitruvius: *De architectura libri decem.* Übersetzt von Franz Reber, Wiesbaden, Marix, 2004.

Voragine, Jacobus de: *Die Legenda aurea des Jacobus de Voragine.* Aus dem Lateinischen übersetzt von Richard Benz, Gerlingen, Schneider, 1993.

Wenzel, Horst/Seipel, Wilfried/Wunberg, Gotthart (Hg.): *Die Verschriftlichung der Welt.* Bild, Text und Zahl in der Kultur des Mittelalters und der Frühen Neuzeit. Schriften des Kunsthistorischen Museums, Band 5, Wien, 2000.

Werlitz, Jürgen: *Das Geheimnis der heiligen Zahlen.* Ein Schlüssel zu den Rätseln der Bibel. Wiesbaden, Pattloch, 2000.

Wittlich, Bernhard: *Symbole und Zeichen.* Bonn, Bouvier Grundmann, 1982.

Zaminer, Frieder: *Die Musik des Altertums,* in Dahlhaus Carl/Danuser, Hermann: Neues Handbuch der Musikwissenschaft". Band 1, Laaber, Laaber, 1989.

Zerlin, Clemens/Bauer, Wolfgang: *Lexikon der Tiersymbolik.* Mythologie, Religion, Psychologie. München, Kösel, 2003.

Zimmermann, Heinz: *Der indische Kulturbereich,* in: Dahlhaus Carl/Danuser, Hermann: Neues Handbuch der Musikwissenschaft. Band 8, Laaber, Laaber, 1984.

Danksagung

Herzlicher Dank geht an Dr. Silke Dürnberger, Univ.-Prof. Dr. Godehard Joppich, Univ.-Prof. Dr. Franz Karl Praßl, Mag. Rupert Reindl, Dr. Gudrun Rottensteiner, Arch. Dipl.-Ing. Rainer Straub und Dr. Wolfgang Straub.

Zur beiliegenden CD

Sie hören den Introitus zum Fest der heiligen Apostel Petrus und Paulus vom 29. Juni in der Festtagsform nach der Handschrift ALBI (F-Pn 776, fol. 101v), beziehungsweise der Überlieferung von Moissac. Es singen Severin Praßl, Thomas Wasserfaller – Cantores und die Herren der Grazer Choralschola unter der Leitung von Franz Karl Praßl.
Aufnahme: 22. Juli 2009 in der Franziskanerkirche Graz
Aufnahmetechnik und Mastering: Henning Bosbach, www.soundandart.eu
Aufnahmeleitung: Heinz Dieter Sibitz

Introitus

Nunc scio vere, quia misit Dominus Angelum suum: et eripuit me de manu Herodis, et de omni expectatione plebis Judaeorum.
(Apg 12,11)

Nun weiß ich wahrhaftig, dass der Herr seinen Engel gesandt und mich der Hand des Herodes entrissen hat und all dem, was das Volk der Juden erhoffte.

Psalm

Domine probasti me, et cognovisti me: tu cognovisti sessionem meam, et resurrectionem meam.
(Ps 139,1-2)

Herr, du hast mich erforscht und du kennst mich. Ob ich sitze oder stehe, du weißt von mir.

Psalm

Et exeuntes processerunt vicum unum et continuo discessit angelus ab eo. Et Petrus ad se reverses dixit: (Apg 12,10-11)

Und sie traten hinaus und gingen eine Gasse weit, und auf einmal verließ ihn der Engel. Da kam Petrus zu sich und sagte:

folgt der Introitus,
darauf die Doxologie:

Gloria Patri, et Filio, et Spiritui Sancto: Sicut erat in principio, et nunc, et semper, et in saecula saeculorum. Amen.

Ehre sei dem Vater und dem Sohn und dem Heiligen Geist: wie es war im Anfang, so auch jetzt und allezeit und in Ewigkeit. Amen.

folgt nochmals der Introitus